见识城邦

更新知识地图　拓展认知边界

稻盛和夫

作品

特别认真地生活

[日]稻盛和夫——著　曹岫云——译

ど真剣に生きる

中信出版集团 | 北京

图书在版编目（CIP）数据

特别认真地生活：稻盛和夫作品 /（日）稻盛和夫著；曹岫云译 . -- 北京：中信出版社，2022.8（2024.11重印）
ISBN 978-7-5217-4437-8

Ⅰ . ①特… Ⅱ . ①稻… ②曹… Ⅲ . ①企业管理－经验－日本－现代 Ⅳ . ① F279.313.3

中国版本图书馆 CIP 数据核字（2022）第 082721 号

特别认真地生活：稻盛和夫作品
著者：　[日] 稻盛和夫
译者：　曹岫云
出版发行：中信出版集团股份有限公司
（北京市朝阳区东三环北路 27 号嘉铭中心　邮编　100020）
承印者：北京盛通印刷股份有限公司

开本：880mm×1230mm 1/32　　印张：5.75
插页：6　　字数：94 千字
版次：2022 年 8 月第 1 版　　印次：2024 年 11 月第 10 次印刷
京权图字：01–2013–3221　　书号：ISBN 978-7-5217-4437-8
定价：58.00 元

服务热线：400–600–8099
投稿邮箱：author@citicpub.com

目　录

第二章

灾难性的青春

第三章

公司是谁的

第四章

为什么活着

推荐序1

『作为人何谓正确』为什么是判断一切事物的基准？

以《坚守底线》为中文书名的这本书，现在改名为《特别认真地生活》再版发行。出版社希望我再写一篇推荐序。

我把本书的日文原著和中文译本再次“特别认真地”对照着读了一遍。时隔11年，重读这本书，让我惊奇的是，书中每一节都给我新的感动，都给我新的力量，真的不可思议。有人说，稻盛先生的著作，在它的每一节里，在它的字里行间，都充满了能量。此言真实不虚。

但是，我认为，贯穿全书的灵魂，还是《那么做，作为人正确吗？》这一节。反复读这一节，让我浮想联翩。我想起了两年前，我在某大学讲演后与学生交流时的问答。因为这个问答围绕稻盛哲学的核心，特别重要，所以，我将它补充整理，并作为本书的第二篇推荐序。

大学生问：什么是正确的价值观？作为人，何谓正确？这个问题的答案，对于每个人而言，标准恐怕是不一样的。因为每一个人的生长环境都不同，接受的教育也不同，不同国家民族的人更是千差万别。曹老师如何看待这一问题？

曹岫云：这是一个很好而且很重要的问题。谢谢你提出这个有代表性的问题。但请你继续思考和追问下去。

的确，如你所说，因为各人成长环境等要素不同，所以价值判断的标准或者说基准好像也都不同。如果从个人得失或个人好恶出发来判断，对于“何谓正确”的答案确实是众说纷纭，莫衷一是，不可能有统一的答案。

当然，价值观如果指的仅仅是个人的兴趣爱好，那就因人而异，无善无恶，没有正确与否的问题。多样性原是这个世界的本色。

然而，正确的价值观是什么？“作为人，何谓正确？”这个问题，如果追根究底，最后无非是一个私欲和良知、利己和利他平衡的问题。

稻盛先生刚进日航，在干部会上他开诚布公地说：“我判断事情是有基准的，这个基准就是‘作为人，何谓正确’。”

日航干部们一时反应不过来。

稻盛说：“大家反应不过来没关系。但请你们把这句话放在脑海里，遇到问题时，把这句话拿出来对照，然后采取行动。”

当有的干部表示靠这种小孩都懂的道理无法拯救日航时，稻盛就发怒了：“连作为人应该做的好事和不应该做的坏事都分不清，连这样的判断基准都不能理解、不愿接受、不肯实践的人，请你们赶快辞职。因为靠这样的人无法重建日航。”

作为人，何谓正确？这一判断基准，换句话说，就是判断基准不是利害得失，而是是非善恶。再换句话说，做人做事的出发点不是利己，而是利己也利他。

这有可能做到吗？完全可能。因为“是非之心，人皆有之”；“知善知恶是良知”；“人皆可以为尧舜”；“个个人心有仲尼”。这些古训道破了我们人的本质特性。

但是，有人认为，“人不为己，天诛地灭”。人是自私的动物，追求自身利益乃至权力的最大化，才是人的本性。以“是非善恶”也就是以利他之心做判断的基准，是根本不可能的，是违反人的本性的，提倡利他哲学是十足的虚伪。

然而，稻盛先生认为：

善恶在人心中同居，而我们人有选择的自由。

我想，所谓“人为万物之灵”的灵，主要就“灵”在这里。就是说，人虽有自私自利的一面，有假丑恶的一面，假丑恶这个“心中贼”虽然难破，有时还很猖獗，然而，它却不是我们人的本质。人的本质即真我，是良知，是真善美。

因为人有假丑恶的一面，再好的人也难免一时糊涂。所以在制度设计上，应该基于人性恶的理论，建立玻璃般公开透明、多重确认、一一对应等相互制约的机制。

然而，更重要的应该是：基于人性善的理论，人们，特别是领导人，必须义不容辞，率先垂范，以身作则，带领大家，把人的本质特性即真善美发扬光大。

稻盛先生就是这么干的。他用他的利他哲学，言传身教，仅仅一年，就改变了日航三万二千名员工的意识，让众人的真善美焕发出来，每个人每天在各自的岗位上认真工作，不断改革改进，而且天天算账，销售最大化，成本最小化。这么做的结果，仅仅一年，不过是一年，日航的业绩就从谷底飙升至峰顶，达到全世界航空业第一，并遥遥领先。

这个铁一般的事实，值得我们认真思考和对照反省。

判断一切事物的基准，是“作为人，何谓正确”，而不是作为自己个人，何谓正确；不是作为自己的集团，何谓正确；也不是作为自己的国家，何谓正确；为什么？因为作为自己个人、作为自己的集团、作为自己的国家何谓正确，背后隐藏的是利益问题，是利害得失问题。而人与人之间、集团与集团之间、国家与国家之间，利益和利害得失往往是不同，甚至对立的。因此，以这些作为判断基准，问题就会变得非常复杂，非常纠结；判断就会变得非常棘手，非常困难。

但是，“作为人，何谓正确”，却极其单纯。用稻盛先生在《特别认真地生活》一书中的话来说，就是不许骗人，不给人添乱，要为人正直，不可贪心，不能只考虑自己……

我想，也可以这样表述：

作为人，

应该正直，不应该虚伪；

应该勤奋，不应该懒惰；

应该谦虚，不应该傲慢；

应该勇敢，不应该卑怯；

应该知足，不应该贪婪；

应该乐观，不应该悲观；

应该自利也利他，不应该损人利己，损公肥私。

换句话说，就是按照我们人与生俱来的良心良知办事。这样做，不仅判断变得轻松，而且其结果不仅利他也利己。个人层面、集团层面，乃至国家层面，无不如此。

在企业里，因为企业经营也是人做的、以人为对象的工作，所以“作为人，何谓正确”这个基准，不管是企业领导还是普通员工，都能理解，都能实践，都能共有。这里的关键是：基准共有，领导必须先有。如果领导人被私心杂念所束缚，那一定乱套。

无论哪个国家的哪个时代，从帝王将相到平头百姓，情况也完全一样。

因为“作为人，何谓正确”这一判断基准，是立足于人原本就具备的良心良知之上的判断和行动的基准，所以它与人的出生成长环境、所受教育、国家民族的差异没有关系。它是超越国家、民族、人种、语言、行业、男女老幼，超越所谓的意识形态，甚至超越时代的普遍性的真理。

人与人最大的共同点，就是具备同样的良知。

人与人最大的不同点，就是有没有觉悟良知，并将良知在实践中发扬光大。

这就是王阳明先生所说：

> 谁人不有良知在，
> 知得良知却是谁。

有没有觉悟良知？特别是领导人有没有觉悟良知？有没有树立起“作为人，何谓正确”这一判断基准？这才是几乎所有问题的关键。

这个世界的一切乱象，都是因良知遮蔽、私欲膨胀而生，即对权力、地位、财富、名誉、包括面子等等的过度追求而生。难道不是吗？

然而，天理良知，就是“作为人，何谓正确”这个基准是不变的，是岿然不动的。区别仅仅在于，是遵循还是违背。

曹岫云

2022.5.25

推荐序2

特别认真地生活

这本书的日文原名叫《ど真剣に生きる》，此次图书再版，书名由《坚守底线》，改为直译书名《特别认真地生活》。这是以日本NHK[①]电视台节目主持人藤井彩子女士连续4次采访稻盛先生的内容为基础而编写的一本书。

稻盛先生是一位具备深刻哲学头脑的大企业家，他的语言和文字，都是从他丰富的人生经历中提炼出来的心血结晶。要如实传神地翻译他的作品，译者不仅要在

① NHK，日本放送协会的简称，是日本最大的广播电视机构。——编者注

语言文字上下功夫，最好能想象着身临其境，体会他当时的心情，并且自己也要试着接受灵魂的洗礼。

稻盛的故事和观点虽多有重复，但每次翻译我都有深刻的感动和丰富的收获。这次也不例外。

本书中，藤井女士针对“理念”的提问和追问执着，甚至执拗，可谓“打破砂锅问到底”，而稻盛先生正面对答，观点清晰而坚定。

所谓理念就是：把作为人应该做的正确的事，以正确的方式贯彻到底。就是要正直，不可骗人；要勤奋，不可懒惰；要谦虚，不可傲慢；要勇敢，不可卑怯；等等，这些都是做人做事最基本的道德观。

企业在急剧变化的严酷环境中生存。比如，年终出现亏损，在账面上如实反映的话，银行将中断贷款，支票将不能兑现，企业将被迫倒闭。在这种万不得已的情况下，能否“粉饰财务报表”，稍稍做点儿假账，暂且度过眼前的危机？也就是说采取一点儿机会主义，将理念暂时扭曲一下行不行？

稻盛：我认为拿来遵循和实践的才叫理念。如果借口竞争激烈、情况紧急，就认为理念毋庸遵守，从而将理念扭曲，那就不是理念了。企业如果要靠扭曲理念才能苟延残喘，那么这家企业也就没有什么存在的意义和价值了。

藤井：您是说，哪怕一次，哪怕一点儿，理念都不容扭曲吗?

稻盛：我认为理念不容扭曲，我依据理念经营至今。我经常对公司的干部们彻底地讲述这样的道理——理念必须“愚直”地遵守。

事实上，稻盛在创办企业之前，就坚守了自己认为正确的人生理念，不屈不挠。

稻盛大学毕业后找不到工作，被迫进了连续 10 年亏损、已处于银行托管之下的松风工业打工。经过 1 年的刻苦研究，他发明了一种高性能陶瓷新材料，用作电视机显像管电子枪中的绝缘零件，因而接到了松下电子集团的大量订单。但松风工业劳资冲突激烈，工会常常组织罢工。稻盛认为，这种情况下罢工，企业经营更加恶化，工厂倒闭，对工人也没有任何好处。特别是罢工将导致产品不能如期交货，就会失去松下这一重要客户。于是他冒着破坏罢工的压力，在遭工会封锁的艰苦条件下，说服本部门员工坚持生产，想方设法及时向客户交货。结果，工会骂他是公司的走狗，而公司的一位董事则夸他“干得好”并递给他一沓钱。

稻盛：我的本意完全不是为了钱。“我这么做不是为了这家公司，而是为了不给客户添麻烦。还有，我不想让一起共事的伙伴失去梦想和希望。另外，我也不想让别人夺走我喜欢的工作。维持生产是出于这些目的，也仅仅出于这些目的，所以接受公司的谢礼于理不通。”说着我就把钱还给了他。

在松风工业时，还有这样一件事。稻盛领导的车间里，有一位游手好闲、无所事事的人。稻盛再三教育，他都充耳不闻。忍无可忍之下，稻盛劝他辞职。此人到工会告状，结果稻盛遭到工会的批斗，并被工会激进分子追打群殴，眉心滴血。但稻盛毫不畏惧，一脸正气。第二天缠上绷带，照常上班，反倒让打手们心虚害怕了。

稻盛自从在松风工业打工时开始，就把自己在生活和工作中的心得记在笔记本上，创办京瓷公司后，更是把经营中的体会不断总结，以这些为基础，构建了以正确的做人理念为核心的稻盛哲学，并倾注大量心血，让员工们接受并共同实践这种哲学，京瓷和后来的 KDDI[①] 快速发展，

① KDDI 是一家老牌的日本电信运营商，也是日本第二大的电信服务提供商。——编者注

两者双双进入世界五百强企业的行列。2010年他把这种哲学再次带进破产重组的日航，仅仅1年，就让也曾是世界五百强的日航奇迹般大幅度扭亏为盈，并取得了日航历史上空前的利润，这个利润在当年也是全世界第一。稻盛又创造了一个新的神话。

但是要让数万人的企业，全体成员始终贯彻正道、坚守底线，谈何容易。

2011年7月6日，在盛和塾第19届世界大会上，稻盛先生讲了一件事。两年前京瓷某个部门的阿米巴部长，为了使本部门的业绩在数字上好看，居然弄虚作假，而他的部下都知情，但因为胆小怕事，对这种违背京瓷公司企业文化的事，竟然无一人出面制止。这让稻盛感到十分难过。

然而，面对3400名企业家塾生，包括我们参会的120名中国企业家，稻盛先生不护短，主动公开自己企业的问题，这本身体现了稻盛先生坚守理念的高风亮节。

贯彻正道、坚守底线，不仅仅是企业的事，对于社会各界，特别是国家领导人更为重要。

稻盛：“不惜命、不求名、不谋官位、不图金钱的人物，不好对付。但不同此等人物患难与共，则国家大事难成也。包括自己的生命在内，只有抛弃私心的人才能成就大事。这句话凝结了最重要的思想，对政界、商界，各行各业都适用。我坚信，领导人的基本条件就在于克己奉公。”

勤奋工作也是人生理念中重要的一条。稻盛说，他很讨厌做事马虎的人。马马虎虎的态度不可能获得人生的成功。无论干体育、搞经营、做学问，无论从事什么事业，认真的态度最重要。为了强调认真的程度，我加上一个“特”字。常常有企业家因经营不善来向我求教。仔细听完他们的话才知道，其实他们对待经营的态度往往是敷衍塞责。所以我批评他们：“你在多大程度上认真经营你的企业？你真的心无旁骛、全身心投入经营了吗？你那种随意、马虎的态度可不行啊！”对方会说：“不，我认为我已经很拼命了。”于是我会说：“在我看来，你不过是把经营当作副业在做。请你好好想一想，你究竟用了多大的认真劲儿专注于自己的事业？”

稻盛还认为，全身心投入工作是养生的好办法。2010年11月1日在青岛海尔，张瑞敏看到78岁的稻盛满面红光，于是向他请教养生之道。稻盛说：“我的养生之道就是‘不养生’。”

最近，我常应邀到一些优秀企业去讲解稻盛哲学。其中，有的企业家只有40多岁就做到了行业内全国第一。稻盛的事迹和思想对他们的触动很大。他们说，比起一般人来，自己可能已经很努力了，但扪心自问，在许多时候，其实自己的努力还远远不够。而且因为成功后不知何去何从，心里矛盾纠结，放松了努力，身体也变差了。

译稻盛的书，讲稻盛的哲学，听中国的企业家这么说，也引起我自己的共鸣和反省。我自己也是这样，有时非常专注，非常努力，废寝忘食。但有时候也并不那么努力，有时会犯冷热病。

向稻盛学习，实践稻盛哲学，在充满矛盾和变化的现实生活中，恪守做人做事的正确理念，殚精竭虑，付出最大努力去传播稻盛哲学，这就是我后半生的工作。不，不仅是工作，而且是使命，是一种宿命。做这件事让我感到生命充实，无比幸福。

曹岫云

2011.8.15

序言

回顾我的人生，青少年时代是一系列的挫折。我 12 岁时患上了当时被称为“不治之症”的肺结核。另外，初中和大学的升学考试也遭到挫败，想上的学校都没有考上。就职时，想去的公司不肯录用我。好不容易进了一家公司，又是一家连年亏损的企业。一起入职的几位同期生，一个接一个先后辞职离去，最后只剩下我一个人。我常常哀叹自己命运不好。

但是，进了这家公司以后，因为无处可去，被逼入了进退维谷的境地，所以，我干脆不再发牢骚，鸣不平，开始全身心地投入了当下的工作。现在回过头来看，就是从那时起，好运降临，我的人生发生了根本的转变。

后来，我 27 岁的时候，在多位友人的支持下，创立了京瓷公司。为了把公司打造成一个让员工能够安心工作的、优秀的公司，我心无旁骛，埋头经营。我废寝忘食，拼命思考公司与员工的事情。不管是多么细小的议题，我都全神贯注，认真判断。而且不断追求作为人应该有的正确的姿态，同时，与员工们团结一心，持续地、愚直地付出不亚于任何人的努力。现在回想，我觉得，正是这种努力，才成就了今日的京瓷和 KDDI，KDDI 也是我创建的企业。

约在 27 年前，京都的中小企业的经营者们提出要求，希望向我学习，学习让京瓷高速发展的经营经验和方法，盛和塾由此应运而生。现在，日本各地，还有海外，都诞生了盛和塾，塾生数已达 6000 余人。在各地区举办的塾长例会上，为了塾生企业的发展，为了塾生企业员工们的幸福，有关经营者应有的资质，以及经营的要谛，我都会倾注心血，谆谆相告。

与盛和塾同时成立的，还有稻盛财团。“为社会、为世人尽力，是人最高贵的行为。”基于我的这一人生观，我设立了这个财团，通过颁发京都奖这一表彰事业，努力为社会做贡献。

还有，今年2月，日本政府和企业再生支援机构向我提出请求，希望我帮助重建日本航空。考虑到重建日本航空是为了重振日本经济，是为了帮助日本航空的员工，我接受了日本航空会长的职务，现在正在为重建而拼命努力。

本书的书名是《特别认真地生活》。“特别认真地生活”是我一路走来的人生信条。迄今为止，我珍惜每一天，珍惜每一瞬，无论何事，我都以冠以“特别”字样的认真态度全力以赴。即使在迎来78岁的今天，对于眼前的一切事情，我都真挚面对，认真处理，态度没有丝毫改变。通过自己的人生，我深信，正是这种认真的态度，给我带来了一个充实的、丰富多彩的人生。

本书描绘了我的前半生，阐述了我的人生观。NHK电视台教育频道2006年6月播放了《乐知——人生的脚步：稻盛和夫特认真地生活》。本书是以此为基础编辑而成的。NHK出版社告诉我，“在这个充满闭塞感的时代，作为人生的指针，希望把节目内容作为书籍正式出版，”

这才有了本书的付梓发行。

在前景不明的现代社会，我衷心希望，本书对于读者而言，能够成为一个重新思考自己人生道路的契机，衷心希望诸位的人生更加幸福美好。

2010 年 8 月

稻盛和夫

序言经典语段

□ 把作为人应该做的正确的事，以正确的方式贯彻到底。就是要正直，不可骗人；要勤奋，不可懒惰；要谦虚，不可傲慢；要勇敢，不可卑怯；等等，这些都是做人做事最基本的道德观。

□ 不惜命、不求名、不谋官位、不图金钱的人物，不好对付。但不同此等人物患难与共，则国家大事难成也。包括自己的生命在内，只有抛弃私心的人才能成就大事。

□ 贯彻正道、坚守底线，不仅仅是企业的事，对于社会各界，特别是国家领导人更为重要。

□ 马马虎虎的态度不可能获得人生的成功。无论干体育、搞经营、做学问，无论从事什么事业，认真的态度最重要。

□ 全身心投入工作是养生的好办法。

□ 稻盛说：“我的养生之道就是‘不养生’。”

□ 如果现在有人问我：“人生的目的是什么？”我会毫不犹豫地回答：“磨炼自己的灵魂。”

□ 不管积累了多少财产、地位、名誉，都不可能带往那个世界。当死亡来临的时候，可以带走的东西只有一样，那就是“灵魂”。

□ 在漫长的人生征途中，有峰有谷，崎岖坎坷，我们应该一步一个脚印，踏踏实实地向前走，在这个过程中磨炼灵魂，提升心志。

第一章

领导者的条件

支撑日本经济的中小企业

日本企业有99%是中小企业，日本劳动人口的一大半在中小企业工作。考虑到这一点，应该说是中小企业支撑了日本的经济。尽管如此，现在的日本经济社会已经形成了一种僵硬的秩序，许多中小企业被封锁在这种架构之中，辛苦辗转，呻吟叹息，并渐渐失去了活力。

回顾过去，日本在第二次世界大战中遭受了毁灭性的打击。但是，在战后的一片废墟中，像不死鸟一样，却产生了许许多多的中小企业。它们抱着“经济立国”的梦想，自由豁达地开展事业。它们一边相互竞争，一边切磋琢磨，给日本经济注入了活力。

促使战后日本经济高速增长的，就是这些生机勃勃、活力旺盛的中小企业，而且从中还孕育出了世界级的大企业，京瓷就是其中之一。

日本直到今天，仍是一个官僚主导的国家，商业活动受到许多规则的限制。而且所谓“系列企业内部交易”的习惯势力很强，中小企业可以发展的空间很小。

但是，直面这样的现实，富于企业家精神的中小企业如果不能一展鸿图，日本经济就无法恢复活力。日本要再生，仍然需要中小企业发挥出它们的力量。

因此，在 20 多年前，当京都中小企业的年轻经营者们向我提出要求，希望我向他们传授经营经验的时候，我的心被打动了。

当时我工作极度繁忙，根本没有余暇。尽管如此，但是“激发支撑日本经济的中小企业的活力，我愿意尽我的绵薄之力”这种想法日益强烈。于是，我设立了传授我的思想理念的“经营塾”，给大家讲解“经营是什么”、“理想的经营者应该是怎样的”等等。

开始只是二三十人的小小的学习组织，大家围坐在一起，边吃边喝，围绕企业经营的各种话题展开议论。随着次数增加，反响愈发强烈，参与的人数和地区也不断扩大。后来我就把名称改为“盛和塾”。发展到现在，包括海外在内，已经有 57 个分塾，约 4000 名塾生，就这样我们组成了一个大家庭。

一年中 20 多次，我义务到各个分塾，与塾生们展开认真的对话。现在，我在盛和塾的活动上倾注了极大的精力，我认为这样做很值得。

对于加入盛和塾的企业家们，我一开始会这样说：

“如果你真想经营好你的企业，那么一定要尽可能地让员工们感到幸福，尽量多为社会做贡献，具备这种光明正大的大义名分非常重要。只想着自己赚钱，把从父辈那里继承的家业做大，光凭这种以自我为中心的愿望，员工们是不会心甘情愿努力工作的。不管是自己创业，还是从父辈手里接班，既然当上了经营者，那就承担了一定的社会工作。经营者自己必须率先垂范，拼命工作，认真经营，精益求精，持之以恒。在这个提高心性的过程中，就能够拓展经营。首先要磨炼自己的心志，从而形成优秀的人格。”

植入经营之心

在盛和塾，我对塾生的要求非常严格。佛教里有“大善”“小善”的说法。对孩子的教育中，如果一味地溺爱和娇纵，孩子就不可能健康成长，他们的人生就会失败。相反，对孩子的行为习惯严格管教，外人看来似乎苛刻无情，但这是“大善”，能把孩子逐步培养成优秀的人才。

我的用心在于“大善”。我对塾生的态度，表面上不讲情面，实际上则充满关爱，就是那种严厉管教的父母之心。

然而，在盛和塾有很多第二代、第三代的经营者。典型的情况是：他们大学毕业后去大企业就职，过了30岁回来继承家业。

该如何接班？最好是一毕业就进入父亲的公司，从学徒做起。但一般人都不愿这么做。儿子自己不怎么有出息，却看不起父亲的公司，或许他们并不想继承这么不起眼的中小企业。父亲也察知儿子的心思：“暂时先到别人家弄饭吃，积累些经验也好，反正到时回来就行。”很简单就把儿子打发出去。

问题是：他们一旦回来，马上就占了专务董事、常务董事的位子，准备子承父业。在大企业时，他们不过是普通员工，至多是主任之类，回到只有10人、20人的中小企业，员工们口口声声叫自己“专务”“常务”，本人当然心情舒畅。至于工作方面，有与父亲一起摸爬滚打、撑起公司门面的掌柜以及干部们担着，即使自己什么都不干，公司也照常运转。

另外，受到公司所在地区的关注，经营者团体会来邀请，在各种聚会上表达所谓“一家之言”，不久就成了该地区的名人，这又让自己心满意足了。

这样，准备接任父业的儿子把公司的事情抛在一边，整天在外转悠，变成了大忙人。因此，“经营者应该如何去凝聚员工们的心？”“如何激发员工们的积极性？”“公司到底应该是怎样的？”这些基本问题，如果不去认真思考，只会碌碌无为，度过一天又一天。

这些“娇生惯养的新一族”进入盛和塾，开门见山，我先当头棒喝，给他们一个下马威：

“在你下面的员工，包括总经理和部门经理，都是从底层的工作开始一点一点学起来的。而你呢，还什么都不懂。先从那个专务、常务的位子上下来，拉住资格比你老的前辈，低头对他们说：‘请让我从最底端的工作做起，从基础学起吧，请大家指导我，否则，我不了解现场的情况，也不能给大家做正确的指示，只是虚有其名，成为一个愚蠢的经营者。’你现在领着高薪，周围是一片奉承之声，大概你认为经营企业是一件轻松愉快的事吧。错了！企业经营并没有那么容易。如果你真想把公司搞好，让员工自豪，让员工感觉到工作的喜悦，那么你就要把全部心血倾注在事业上，并做出自我牺牲，为员工的幸福和公司的发展殚精竭虑。没有这样的奉献精神，就不要当经营者。”

听的人似乎很吃惊，但当他们扪心自问时，就会意识到“自己确实太浅薄，把事情想得太简单了”。这就是他们成长为一个优秀企业家的出发点。

那么做，作为人正确吗？

很遗憾，在日本可以学习企业经营的场所几乎不存在。

大多数经营者都没有受到任何有关方面的教育，每个人只能自己一边摸索，一边经营，这就是现状。在这种情形下，年轻的第二代、第三代经营者不懂企业经营，也是理所当然的事。

回顾我自己，在京瓷创业之初，对经营也是一窍不通。因为是技术员出身，把产品做出来，为客户做技术方面的解释，并把东西卖出去，这些我能做到。但企业该怎么经营，人心该如何掌握，连 ABC 也不懂。对于企业管理基础的财务，我更是一头雾水，莫名其妙。

尽管如此，作为经营者，对于部下提出的各种问题，却必须做出正确的判断和明确的指示。因为一旦判断失误，公司就会倒闭，员工及其家属就可能流落街头。

暗中摸索的结果，我这么想：

“我们在儿童时代经常受到父母和老师的斥责：不许说谎，不要给别人添乱，要为人正直，不可贪心，不能只考虑自己……把这些教导作为经营的方针，作为判断的基准。也就是说，把贯彻做人的正确原则作为判断的基准，这样去经营企业。”

随后，许许多多经营问题接踵而来，针对碰到的问题，每次我都用“贯彻做人的正确原则”作为判断的标尺去对照衡量。同时，每每反复自问自答，追求企业经营应有的理想姿态。

在这个过程中，我明白了一个道理：如果被私心杂念所束缚，就看不到问题的本质。反过来说，提升心性、达到纯粹的精神状态，就不会产生错误的判断。结论就是，不以“赚钱还是不赚钱”这种基于私利私欲的判断标准去处理问题，而是具备“贯彻做人的正确原则”这一普遍性的判断基准，这样公司就会顺利发展。

“作为人，何谓正确？”我在对这一命题的自问自答中构建了我的实践经营哲学。在缺乏学习企业经营机会的现状下，我认为我在盛和塾传授这种哲学很重要，并且备感自豪。

京瓷处在中小企业的阶段时，我还很年轻，也不成熟，当时困扰我的问题，现在塾生们也碰到了，他们因找不到解答而困顿烦恼。对于这些塾生的提问，我全力以赴，认真回答。提问的一方极其殷切，回答的一方极度诚恳。在盛和塾，时间就在这种紧张而又热切的气氛中流过。

在肮脏的工作中找出“自豪感”

我进入企业后不久，与几位高中毕业的优秀助手一起，从早到晚只做一件事，就是将陶瓷粉末固定后烧结成型。从事精密陶瓷的研究开发及制造，说起来很好听，但实际上是每天同粉尘“格斗”。这是一项繁重的体力劳动，一天下来，浑身都是粉尘、泥灰和汗水。

一个大学毕业生居然天天同粉尘打交道，说实话，我心中不免有些沮丧。

但我很快就摆脱了这种消极情绪。如果心里讨厌这份肮脏的工作，那必将一事无成。而且自己心里有疙瘩解不开，势必会影响部下的士气。

况且，认真仔细地想一想，将粉体成型涉及粉体工程学和粉体力学，是一个领域的学问，也是一件很有意义的工作。

我几乎每晚都把助手们召集起来，对他们说下面这番话，同时也讲给自己听：

“有哪家大学教授愿意沾上一身粉尘去从事研究呢？我们现在干的，是东京大学、京都大学都做不了的高精度研究。不认真实践，就无法理解精密陶瓷的本质。只有这种彻底的研究才算得上是真正的学问。为了向社会提供了不起的优质产品，我们现在的工作不可或缺。”

我反复讲述这些道理，把这种工作的自豪感作为精神食粮，团结全员，全力投入研发工作。顿时，“干脏活”的辛苦和厌恶情绪烟散云消了。

我有过这样的经验，所以在盛和塾，有从事楼房、桥梁等装修工作的油漆企业负责人提出这样的问题：“社会上有看不起 3K[①] 行业的风气，在这样的企业里，怎样才能让员工对自己的工作抱有自豪感呢？我为此十分苦恼。”他的苦恼我非常理解。

接着，他又说：“因为是家业，没法子，只好继承。

① 肮脏、危险、艰苦。——译者注

而且我现在背的债务也不轻，已经没有退路了，不得不接着干。”这话真让人气馁。经营者抱有这种想法，再怎么向员工强调“对工作要有自豪感”，员工们也不可能理解。

如果是我，我就会给大家描绘油漆业的宏伟梦想——过去锈迹斑斑的桥梁、肮脏陈旧的大楼，经过我们的装修，顿时焕然一新，呈现出美丽的面貌，这是多么有意义的工作啊！让我们积极承接业务，为美化城市而做出贡献吧。而且通过涂漆防止锈蚀，对延长金属制品的寿命做出了贡献。如果是我，就会从这个角度来思考。

当然，现实的问题也很多，在盛夏的烈日下，在寒冬的冷风中，室外作业异常艰苦，身上衣上沾上油漆也很脏。然而，当想到“自己是在美化都市的空间环境，承担这么光荣的使命”时，工作现场的艰辛劳苦都不在话下，都可以克服，这样就可以抱着“自豪感”埋头工作了。

人的心情如果被眼前辛苦的感觉所支配，就会失去“自豪感”。而且，如果心里总是想着“辛苦啊辛苦”，那么，不知不觉中就会认定自己的工作是“肮脏、低人一等”的，而最后选择放弃，并退出这项工作。不让员工陷入这样的恶性循环，是经营者的责任。

任何辛劳的工作都包含着崇高的意义，而且都可以展开无限美好的梦想。经营者要阐述这份意义，并描绘这个梦想。

当员工们与经营者产生共鸣时，当员工们意识到“我们理解这项工作的意义，为了实现梦想，我们愿意挑起这项‘肮脏的工作’”时，他们就会信任经营者，从而更加拼命工作。“我喜欢装修工作，我愿意与社长一起加油！”他们一定会这么说。员工们对自己的工作有没有自豪感，可以说，就取决于经营者对这项工作有没有正确的认识，取决于经营者自己有没有崇高的思想。

喝酒交杯，传递“思想”

经营者对自己的工作充满自豪感，那么，要把这种自豪感，把自己对工作、对公司所抱有的热切“思想”传递给员工，在员工中渗透，该怎么做才好呢？这个问题说起来简单，做起来却很难。不管你言辞多么恳切，能与你产生共鸣、认同你的人，恐怕 5 人中只有 1 人吧。这听上去很悲哀，但却是现实。

自从创建公司、成为经营者以来，我一贯不厌其烦、不遗余力，千方百计努力将自己的思想传递给大家。“就像传教士热衷于传经布道一般，因为这是我的工作和使命”，我对自己这么说。在情绪低落时，我也这样激励自己。

至于传递思想，从经验中我认识到，在大会、小会上说服动员，看起来大家似乎都听进去了，但有效传递却意外地少。比这更有效的方法，你猜是什么？其实是“酒话会”。

我把这样的酒话会称为“Company”。一有机会就与员工们促膝而坐，在交杯换盏时，向他们传递自己的思想。在这样的气氛中，既可以热情地谈论自己的梦想：“我想把公司做成这样该多好啊！”又可以说：“昨天我为什么要批评你？因为我信赖你，所以想把这项工作委托给你，而你对这工作的社会意义一点儿都不理解，你现在怎么想呢？”对昨天训斥的效果追踪确认。

当然，我并不只是单向地向员工传递思想，我也认真倾听员工们的心声，从工作上的烦恼到个人生活问题，我都像家人一样给他们出主意或予以指点。酒一落肚，心就开放，口舌灵巧，彼此就能倾心交谈。

这样的Company在京瓷，包括海外分公司在内，上下一致推广。不仅公司总部，而且所有的工厂、员工宿舍区，全都备有几十张榻榻米大小的宽敞的日式房间，把那儿当舞台，摆好酒菜，大家一起痛饮畅谈。

美国或欧洲的分公司也一样，Company是象征京瓷

“和”文化的关键词。“一起去 Company！”这一句话就把大家召集起来。超越部门和职务的障碍，彼此毫无顾忌地交换意见，并展开热烈的争论。

我相信，“公司的强大，就在于彼此信任的心和心之间的纽带”，所以公司扩大、员工增加以后，仍应该珍视这个 Company 的作用。

有一件事现在似乎被当作故事在传播：有一次我感冒发高烧，打着点滴，还照样赶赴各个场子，轮番参加多处的“忘年会”，并与大家喝酒交谈。我这么做，不是出于义务，我丝毫没有那种想法。我只有一个念头，就是要与员工们交流。由此可见 Company 在我心中的分量。

在盛和塾也同样，当讲话和经营问答这样的例会结束以后，举行 Company 是老规矩。我希望，塾生间同志般心心相通的盛和塾能够成为最强有力的中小企业集团，以促进日本经济从谷底向上攀升。抱着这样的愿望，围绕企业经营的各种问题，我们边饮酒边交谈。

驾驭“能力”的是“人格”

不言而喻，对企业而言，人是财富。所以人员聘用和人事管理是经营者最重要的工作之一。但是，没有什么问题比人的问题更难处理，这也是事实。在盛和塾，塾生们也向我提出许多有关人才方面的问题。

其中最让经营者头痛的问题是：“到底是能力重要还是人品重要？”比如，有人向我提出这样的问题：“要在竞争激烈的社会中生存，企业应该是由工作能干的人组成的集团。如果是这样，工作能力弱、效率低的人也必须给予关照吗？”

因为我经常提倡“请保持一颗与人为善的利他之心”。这时，对经营进行认真思考的塾生，就会提出如下互相矛盾、让人困惑的问题：

“拿工作能力差作为理由解雇员工，我并不忍心。无论哪位员工都要照应，这不就是利他之心吗？但是，这样做，我们就会在严酷的企业竞争中落败。为了企业的生存，必须具备‘肌肉型’的企业体质，不可有低效和浪费，因此不能继续雇用工作能力差的员工。”

关于这个问题，如果是说“选能力还是选人品，二者必择其一”，那么，我会毫不含糊地回答：“人品最重要。”

比如，有一位精通会计、很有能力的人，但他心术不正，很自私，对利益反应敏锐。这样的人会干出什么样的事呢？正因为聪明，他就很可能利用管理上偶然的漏洞，巧妙地进行财务操作，通过舞弊获取私利。这类事件屡见不鲜。

能力这种东西，由于驾驭它的人的人格不同，既可以向好的方面发展，也可以向坏的方面发展。所以人格比能力更重要。

之所以这么讲，是因为在京瓷还是中小企业的时候，看到那些吸引了许多优秀人才的企业，我不免羡慕感叹：“与那家企业比，到我们这儿来的尽是些脑子不灵活的人，这样下去我们的企业能发展壮大吗？”我不禁叹息。

一旦有才华的能人进来，我就寄予极大的期望，不断让他们做事，培养他们。我记得这期间，对那些头脑略为迟钝的人我就有点儿瞧不起。但是，有好多次，我对这些能人的期待都落空了。

或许是因为人品上有问题吧，能干的人往往自以为优秀而翘尾巴，看不起别人。他们露骨的傲慢态度破坏了公司的气氛。而且同行业的其他公司用稍高一点儿的工资引诱他们，他们就会毫不犹豫甩手而去。这样的事有过很多次。

在这一点上，那些头脑略为迟钝但人品好的人，因为迟钝，心态就很谦虚，即使最底层的工作也会默默地拼命干。这样的人通过多年的积累，不知不觉之间，能力提升，工作出色，成长为优秀的人才，这种情况为数不少。正如俗话所说："没有可以胜过努力的天才。"能力是可以通过努力来提高的，实践又让我产生了这种新的认识。

从这样的经验中，我感觉到："从长远的目光来看，比起那些半吊子的所谓优秀人才，倒是头脑略为迟钝但拼命努力的人可以成就伟大的工作。"现在我对这一点更加深信不疑。

还有一点特别重要，就是这个人对工作、对公司是不是无比热爱，是不是具备任劳任怨、尽心尽力的奉献精神。

如果缺乏上述精神，不管此人能力有多强，人品有多好，他都只会让企业丧失活力。同这种人要深入地交流，如果他无论如何也不理解公司的文化，那么应该考虑让他离开。这样处理有人或许觉得不近人情，但事实并非如此。勉强挽留那些眼光朝外的人，对双方来说都是不幸。这样的人自有适合他的去处。

而对那些真正为公司着想，一心想要为公司做贡献，认真诚实地埋头工作的人，我比谁都珍惜。这样的人，不管公司发生什么事，也不管外界怎么引诱，他都稳如泰山，毫不动心："我就喜欢这家公司。"在支撑企业这一城堡的石墙缝隙中，填进加固石墙的闪闪发光的小小的顽石，他们就愿意充当这样的角色。

有韧性、肯努力的人，通过长时期的工作，在磨炼了人格的同时，也提升了能力，到了晚年就会绽放大朵的鲜花——我想，所谓人生就是这样吧。

塾生的活跃是对我的鼓励

上面所说的，是我在盛和塾的讲话，以及有关经营问答方面的内容。让我最为高兴的是：能看到塾生们认真学习、坦诚接受的样子，听到塾生企业在学习后的实践中获得成果、推进事业发展的故事。

举例来说，在圣保罗的巴西盛和塾，有一位经营香蕉园的塾生。他 13 岁时就跟随父母移民来到巴西。在小学毕业前就已经投入工作。经历长期的艰辛，开垦荒地，雇用当地人，办起了一个很大的农场。因为不懂经营，“害怕员工叛离，想批评他们，却又不敢批评”，“因为没有学问，上当受骗，买进了大批假农药”，等等，经历过许多失败和烦恼。后来听到圣保罗有盛和塾，于是他穿着工作服，乘大巴（花了 18 个小时）一路颠簸，去参加盛和塾的活动。

但是，一看周围的人都是西装革履、大学毕业的绅士，他心理上很有压力，甚至想“下次再也不来了”。但好不容易才来到这里，还是想听听大家怎么说。同时，还把我的一部翻译成葡萄牙语的著作借了回去，结果受到很大的启示。他对我讲的话让我难以忘却。

“听到塾长讲，经营企业是为了让包括员工在内的周围人获得幸福。这句话打开了我前进的道路，我也要这么做。从这点出发，即使严厉训斥员工，因为严厉中传递着爱，员工也不会抵触。管理的要诀就这么简单。另外，包括采购物品的原则在内，我从塾长那里也学到了各种各样的经营要诀。如果当初没有遇到盛和塾，就没有我的今天。正因为托了盛和塾的福，我们才能发展成为巴西最大的农场。”

像他这样的塾生还有很多。每次听到他们的故事，我就会想：“把盛和塾坚持办下来真好！今后我还要继续加油！”从而再次下定决心。从塾生那里获得的能量，让我忘记了“奔波世界”的疲劳。

据统计，现在盛和塾塾生企业的员工人数，包括钟点工在内，约有87万人，销售额约27万亿日元。上市公司有68家，近期准备上市或在门面交易的所谓“上市预备军”企业也有很多。在严酷的经济环境中，盛和塾的塾生企业却取得了出色的业绩。我衷心祈愿，今后这些企业能更好地发展，担负起振兴日本经济未来的重任，为社会的繁荣做出贡献。

现在，比起出席别的集会，参加盛和塾的活动，让我感觉最为快乐。今后我还将一如既往，通过盛和塾，为增强日本中小企业的活力，尽自己最大的努力。

采访摘录 1

2006年6月在NHK教育电视台播放的《人生的脚步——稻盛和夫坚守底线》的节目中，对我进行过4次采访。采访内容作为本书的一部分附在各章之后。采访者为电视节目主持人藤井彩子女士。

有关盛和塾

——有关盛和塾的活动，稻盛先生您每年要亲自参加几次？花费多少时间？

稻盛： 每年20次左右。有时还去海外，今年就要去巴西和中国。去海外一次大概要花一周时间。夏天与塾生们一起去凉爽的东北[1]、北海道地区，一次花四五天的时间，一边旅游，一边在各地区举办学习会。

——会讨论些什么话题呢?

稻盛: 经常说的是:“为了让员工们幸福，经营者必须认真拼命地工作，把企业经营得有声有色。”

同时，我还说:“如果想把公司搞好，想提高企业的利润，就必须做到让客户、交易商、股东和企业周围所有的人都满意和高兴。”

帮助他人，在佛教中叫作“利他”。经营企业必须具备利他之心。经营的最大课题是追求利润，但却必须有与此目的正好相反的“利他之心”作为基础。否则，经营就不可能顺畅。

唯利是图、自我中心，世上有这种一味追求自己个人利益而发财致富的企业家。这种人或许可以取得一时的成功，但他们的成功绝不可能长

---

① 东北:指日本东北地区，包括青森、岩手、宫城、秋田、福岛、山形6个县。——译者注

期持续。所以我常说:“如果你想成功，想获利，你就必须具备一颗为他人尽力的美好心灵。”在我们的塾生中，与我的观点产生共鸣、认真思考经营和人生的人很多，心灵纯粹的人也很多。

最近的学习会，有时聚集了千人的规模。会议的氛围与普通的聚会完全不同。在盛和塾的会场里，充满了具有美好心灵的人们散发、聚合的喜悦感人的气氛。所以，与参加任何集会相比，参加盛和塾的会议，让我的心情更为舒畅。

——看到了盛和塾例会的照片，说真的，看您非常开心，表情非常生动。

稻盛：在盛和塾里，大家的心情确实都很愉悦。

在盛和塾以外，我也常常接到各方面的演讲邀请，一般我都婉言谢绝。有时是日程安排确实有困难，有时过去一看，真心想来听讲的人并不多，有人是为了应景，出于礼貌才来出席的。这样，就和盛和塾的氛围完全不同。

盛和塾的企业家们是真心诚意赶来听我讲话

的。而且，本来就是心跳频率一致、情投意合的人聚在一起。所以，讲的人特别认真，听的人也特别专注。我把塾生们称为“Soulmate”，也就是灵魂伙伴。具备相同的灵魂、相同的心境的人们互相吸引，共同探索，这样的集会才是盛和塾。

所以，您刚才也提到，在盛和塾拍到我的照片，看起来都非常快乐。盛和塾的朋友们也常常对我说：“塾长，您真是一脸的喜悦呢！”

——听说京瓷的员工中有这样的声音：“比起同我们谈话，同盛和塾的经营者们讲话，稻盛会长要高兴得多。”

稻盛： 员工会这么讲吧。在公司里我有时会板着脸训斥他们。但我会对他们说：“你们说得也不对，盛和塾是一个认真学习的场所。”

“哪怕只有 5 名、10 名员工，中小企业的经营者们都是真刀真枪地努力拼搏。只要有一个重要的决策错误，企业就可能迅速倒闭。企业破产，他们自己的家庭不用说，员工及其家庭也可能流落街头。因此，他们听我讲话就格外认真，格外热心。对如此认真的塾生，我想对他们有所帮助，所以回答他们的问题，我自然也会非常认真。”

而京瓷的员工们，因为现在公司已经做大了，工作上有些差错和失误，企业也不至于倒闭。从这一点上讲，他们与盛和塾塾生的认真程度就有差距。

——但是，盛和塾刚开始时，对于同自己公司基本无利害关系的经营者们，您用这种形式去帮助他们，京瓷内部是否会有疑问，觉得您这样做令人难以理解？

稻盛： 不，没有听到有什么异议。最初开始盛和塾的活动时，我已经退出了京瓷经营的第一线，同时新建的通信公司第二电电（即现在的 KDDI）也已经开始顺利步入正轨。我自己也稍稍有了余闲，这时才正式开展了盛和塾的活动。

另外，最主要的是我在京瓷公司内部一贯倡导:“为社会、为世人尽力。如果想把公司做得出色，利他之心不可少。”我通过盛和塾来帮助别人，这一点与我的经营思想、经营哲学是不矛盾的。我想我们公司的人也会为我的做法感到高兴和自豪。

——用一句话表达也许有困难。对于参加盛和塾的人，您最希望他们从中学到什么？

稻盛：对于经营企业的人来说，他们至少有若干名员工。首先他们应该意识到自己责任重大，这一点最重要。

有的人是靠上苍偶然赋予自己的才能创立了公司，有的人是继承了父辈创建的公司。

其中有不少人经营企业很随意，不把它当回事。只强调“我是社长”“我是专务”，即使自己什么都不干，公司好像也照样运转。他们对自己身负的重大责任并没有什么感觉。

看到有的人对参加经济团体之类的聚会很感兴趣，实际上还是去吃喝玩乐，我就会说，作为公司社长，作为领导人，你真的感觉到自己责任重大了吗？这样的话，我首先会开门见山地讲。

——也就是说，盛和塾的活动虽然气氛融洽，但您却想让他们感受到企业经营的严酷，是吗？

稻盛：有些场合，是一起喝酒时提问答疑，但此时我仍然会严肃地批评他们："那是你的不对！"严厉的口气甚至超过对自己的兄弟和孩子。

如何继承前辈的事业之类的问题，他们有各种各样的疑问向我请教，是就是是，非就是非，我都会非常认真、非常清晰地予以答复。

因为我并不认为这些问题是别人的事情，而是当作自己的事情，认真思考并认真回答，所以提问的塾生会明白我的诚意，理解我讲话的意思。事后，他们会来信："当初请教您的问题，后来按您的意见去做，事情进展果然顺畅，员工们也都很高兴。"见到这样的来信，我就觉得盛和塾的活动很有意义。

理念必须忠实地遵循

——您说，经营者和员工具有相同的理念和价值观很重要。那么，在企业并购或被收购这类激烈的竞争中，理念的意义和作用也同样重要而不可忽视吗？

稻盛：我想竞争激烈与否，与理念之间没有什么必然关系。

——我提问的意思是，经营者在经营企业时，员工们在工作时，都要秉持高尚的理念，这个重要性我能理解。但在经营的危急关头，在发生企业将被别人并购等严重事态时，采取某种方法，虽然违反理念，却对自己有利。也就是说事态紧急时，是不是一定要坚持理念。因为我是外行，才提这样的问题。

稻盛：不能违反理念。你的意思我理解，但理念是不容违反的。你说的情况就已经是不遵循理念了。

——您的意思是……

稻盛：所谓理念，就是说"我想这样来经营企业"、"经营企业本来就应该是这样的”，基于这样的思考而行动。拿来遵循和实践的才叫理念。也可以说，理念就是经营者的人生观。

因此，如果借口竞争激烈就认为理念无法遵守，而将理念扭曲，那就不是理念了。

——有时候不得不将理念扭曲一下，这种情况也难免吧。您也说过企业经营是极其严酷的。

稻盛：理念不能扭曲。

——任何情况下都绝不能扭曲，是吧?

稻盛：是的。如果能轻率地扭曲，那就是机会主义和投机主义。就不称其为理念了。

——我想会不会有这种情况：比如，不采取紧急措施，明天企业就可能倒闭。因此，稍稍违反一下“秉持利他之心，为他人做好事”这种理念，做一点损人利己的事，这是否在所难免？比如，为了眼前的300万日元或1000万日元，我违背理念去做，对对方的员工也许会造成伤害，违反

了利他的原则。但这是迫不得已，为了企业生存不得不这么做。

稻盛： 在任何情况下都不能这么做，不能损人利己。

——绝对不可以吗？

稻盛： 是的。如果要扭曲理念，那么，不如连同员工在内，让整个企业垮台为好。

——您是说……

稻盛： 如果企业要扭曲理念才能苟延残喘，那么这个企业就没有存在的意义和价值了。

——我想，能够达到这种境界的人应该很少很少吧。

稻盛： 确实不多。企业面临生死存亡的时候，“已到了破产的边缘，稍稍干点儿坏事没关系吧”，人就会这么想，就会扭曲理念。

一方面有理念这个基准，另一方面，在企业并不危急时，有人觉得“理念稍稍偏离一点儿不要紧吧”，结果做了违反理念的事。他们当时并没

日本“经营之圣”稻盛和夫

稻盛和夫和“盛和塾”的塾生们。

上：盛和塾例会后，与塾生把酒言欢，推心置腹地交流。
下：刚刚起步时期的盛和塾。

一开始只是面向 20~30 人的经营管理课（下图），但在一年一度的盛和塾大会上约有 3000 位经营者蜂拥而至，用心聆听演讲（上图）。

上图：京瓷公司的发源地（一间租来的宫木电机的仓库）。
下图：与京瓷创业时期的成员合影。

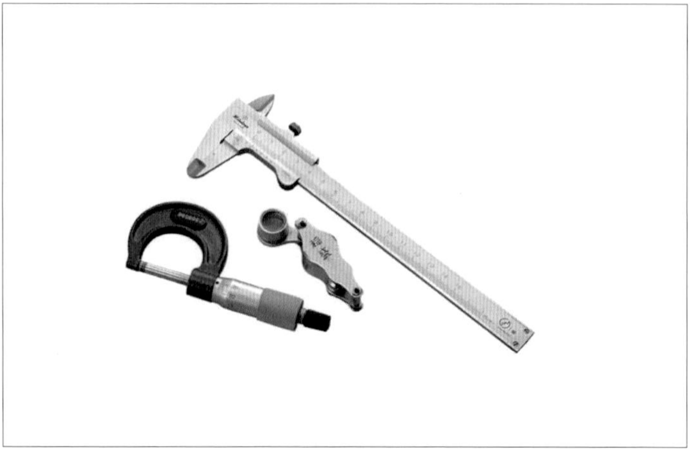

上：京瓷创业时使用过的量具。特别是放大镜，一定会被带到现场，用于仔细观察产品。对疑点进行彻底的观察思考，这已成为惯例。

下：滋贺工厂的火锅聚餐（最右者是稻盛）。从创业初始便举办联欢活动，加强公司员工的凝聚力。

在出国旅游还是难以企及的奢望时，便以全体员工出国旅游为目标，激励员工。

上：创业初始时便开始使用的笔记本，每日商谈与讨论的内容都会详细记录下来。

下：稻盛和夫作为座右铭的书籍《南洲翁遗训》。全书收录西乡隆盛 41 条遗训，以政治、外交、军事等故事分类，阐述了领导者所必须具备的思想。

上：京瓷公司联欢会上的交流场面。

下：1990 年，叠层陶瓷电容器的世界级制造商 AVX 公司加入京瓷集团。

上：2010 年第 26 届京都奖颁奖仪式。

下：京都奖奖牌。

稻盛和夫在日本岛根县街头说法讲道。

无论何时，“认真努力地活着，便能带来充实的人生，磨炼自己的灵魂”这一信念从不动摇。

有意识到自己干了坏事，所以“虽然稍稍脱离了理念，但这么一点点的偏离应该被允许吧”，在这种想法下，做了不好的事。

这种做法，如果习以为常，基准就会不断偏移。理念一旦偏离，就会以偏离的理念做基准。然后，再继续偏离。如此这般，就会离最初确定的理念越来越远，但当事人还以为自己是在遵循理念。

但是，认为“稍稍做点儿违规的事不要紧、没关系”，结果把理念的基准歪曲，就会出现粉饰财务报表、做假账之类的情况。比如“这一期账上如果亏损，没有利润，银行就不肯贷款。那么支票就不能兑现，资金周转不过来，公司就会倒闭。这可不行！无论如何不能让账上出现亏损。于是只好向银行提供虚假的报表，称自己公司有利润，从而向银行借钱。偶尔一次不诚实，银行会原谅吧。”抱有这种侥幸心理，就会做出违背理念的事。

只要一次破坏理念，以后就会一而再、再而

三地去犯同样的错误。

——您是说，哪怕一次，哪怕一点儿，理念都不容扭曲吗？

稻盛： 我认为理念不容扭曲，我依据理念经营至今。我经常对公司的经理们彻底地讲述这样的道理：

“也许有人觉得，根据情况不同，按投机主义的原则，随意改变对理念的解释，并非坏事。然而，按偏离了理念的基准办事，部下就会认为这是正确的。稍稍偏离理念无所谓，这种言行就会成为风气。企业出现舞弊丑闻，始作俑者并非一开始就是坏人，就是‘稍稍违规、稍稍偏离没关系吧’，这样一点一点违背理念积累的结果，就会腐蚀企业。老实人吃亏，老老实实干，企业可能垮台，所以干点儿坏事是不得已，出于无奈。因为抱有这样的心理，人们就不知不觉、心安理得地干起了坏事。”

美国大型能源公司安然公司和世通公司之所以倒闭，经营者贪图个人的私利显然是原因之一。

为此，他们进行不正当操作，塑造企业虚假繁荣的形象，借以提升股票价格。也因为“稍稍违规没关系吧”这样的做法一点一点积累，结果造成巨大的丑闻，对全世界形成冲击。

所以理念必须执着地遵守。

这一条不仅对经营者，而且对所有的人都适用。在人生中，“好就是好，坏就是坏”，必须严格遵守这样的原则，严格达到“执着”的程度。因对自己不利，就改变基准，放弃原则，最终就会走上错误的人生道路。

所谓“执着”的生活态度，并不是顽固不化，而是一种认真的生活态度。对于采取认真的生活态度的人，即使一度破产，也一定能重新站立起来。对这样的人，上苍绝不会弃之不顾，必定会出手相助。

我也常对盛和塾的企业家讲这些话。对于认真正直的人，上苍一定会眷顾。如果你想度过一个美好的人生，那么首先你的心中一定要充满美好的思想，一定要认真地工作和生活。

——不会受到理念的束缚吗？有没有人对您这么说过？

稻盛：不，没有。

——有时您会不会觉得对自己过于苛刻了？

稻盛：这倒没有。感觉到苛刻，那就不是理念了。将正确的为人之道作为知识掌握的人很多很多。人们通过世界名人贤人留下的经典格言，懂得了很多正确做人的道理。但真正把这些知识作为理念、作为信念认真实践的人却非常少。

许多人把自己的知识当作理念。因此，根据自己的需要随意改变理念，他们觉得并没什么不好。但对于我这种凡是正确的事情必须贯彻到底的人来说，理念是不能改变的。为了对自己有利就可以随便改变，我认为那绝不是理念。

——在改变的那一瞬间，就不成其为理念了。

稻盛：是的，那就不成其为理念了。

本章经典语段

□ 经营者自己必须率先垂范，拼命工作，认真经营，精益求精，持之以恒。在这个提高心性的过程中，就能够拓展经营。首先要磨炼自己的心志，从而形成优秀的人格。

□ 如果你真想把公司搞好，让员工自豪，让员工感觉到工作的喜悦，那么你就要把全部心血倾注在事业上，并做出自我牺牲，为员工的幸福和公司的发展殚精竭虑。没有这样的奉献精神，就不要当经营者。

□ 员工们对自己的工作有没有自豪感，可以说，就取决于经营者对这项工作有没有正确的认识，取决于经营者自己有没有崇高的思想。

□ 公司的强大，就在于彼此信任的心和心之间的纽带。

□ 如果是说“选能力还是选人品，二者必择其一”，那么，我会毫不含糊地回答：“人品最重要。”

□ 能力这种东西，由于驾驭它的人的人格不同，既可以向好的方面发展，也可以向坏的方面发展。所以人格比能力更重要。

□ 从长远的目光来看，比起那些半吊子的所谓优秀人才，倒是头脑略为迟钝但拼命努力的人可以成就伟大的工作。

□ 还有一点特别重要，就是这个人对工作、对公司是不是无比热爱，是不是具备任劳任怨、尽心尽力的奉献精神。

□ 有韧性、肯努力的人，通过长时期的工作，在磨炼了人格的同时，也提升了能力，到了晚年就会绽放大朵的鲜花——我想，所谓人生就是这样吧。

□ 如果想把公司搞好，想提高企业的利润，就必须做到让客户、交易商、股东和企业周围所有的人都满意和高兴。

□ 如果你想成功，想获利，你就必须具备一颗为他人尽力的美好心灵。

□ 为社会、为世人尽力。如果想把公司做得出色，利他之心不可少。

□ 对于认真正直的人，上苍一定会眷顾。如果你想度过一个美好的人生，那么首先你的心中一定要充满美好的思想，一定要认真地工作和生活。

第二章

灾难性的青春

干什么都不顺

幸运不会降临到我的身上，抽奖也不会中——可以说这是我的一种“确信”。从幼时起一直到今天，自己都不是一个受命运眷顾的人，我一直抱有这种奇怪的自信。

但是，从青年时代起，对自己抱着这种“成见”的同时，“正因为如此，所以必须格外努力”的想法，也好像鬼使神差，有人在教导我似的。绝不盲目地期待侥幸，只是一味地努力、再努力，通过自己的努力向幸运靠近，这成了我的习性。

事实上，我的青春时代是一个挫折连着一个挫折，无论干什么都不顺利的时代。

1932 年，作为七兄妹中的次子，我出生后被称为“爱哭虫”，性格内向。小学一年级时成绩不错，都是甲乙丙中的“甲”，好像发挥出了聪明的一面，但那也只是一年级的事。我的家庭没有学习的环境，父母从来没有督促我要好好学习。一天到晚我就带着顽童们玩打仗游戏，爱哭虫的绰号没有人再叫了，但离学习却越来越远。

另外，我还接受鹿儿岛特有的“乡中教育[①]”，练习萨摩藩传统的“示现流剑法”，以此锻炼身心，在这个过程中，我不知不觉成了顽皮大王。

首次挫折是在1944年春天，我参加初中升学考试。当时，我作为顽皮大王也有一种优越感，于是宣告：“我要考鹿儿岛第一的名校——鹿儿岛第一中学！”但是，因为成绩几乎都只有“乙”，而且我还反抗过老师，受过“铁拳制裁”，所以老师就警告我：“像你这样的小子绝对考不上一中。”

---

① 乡中教育：在萨摩（鹿儿岛）推行较长时间的独特子弟教育法。乡中教育不通过学校或者教师进行，而是按照地域召集孩子们，让大家相互配合、共同学习和锻炼。乡中教育的渊源可以追溯到文禄、庆长之役，负责留守的新纳忠元等人召集出兵朝鲜的将兵子弟，让他们结成同伴，自主进行身心锻炼。萨摩藩士的子弟按照年龄依次分为小稚儿（6、7~10岁）、长稚儿（11~14、15岁）和二才（从已经元服的14、15岁到结婚前的青年），并规定长稚儿帮带小稚儿，二才帮带长稚儿，二才之间相互切磋精进。无论是稚儿还是二才，都要每日研习武艺、习字、读书，锻炼身心。——译者注

（注：元服是日本古时男子的成人仪式。要改梳成人发型，改穿成人服装、戴冠，并改幼名。）

果然，我考试失败了。只好先进了一所普通的中学。昨天还是我手下喽啰的那些小子，还有天敌似的富家子弟，他们都穿着一中的制服神气活现，看到这一幕，我心里难受极了。那种惨痛的失败感，直到今天我还记忆犹新。

心灵脆弱，病菌也就乘虚而入。那年年底，从国外回国休假的叔叔携带了虱子，我受到叮咬，发热病倒，后来去医院检查，被诊断为“肺浸润”，属于肺结核的初期症状。我的大叔父大叔母都患肺结核死去，还有一位叔父整天吐血，在我家的偏房休养。不知什么原因，稻盛家系与当时的不治之症肺结核结下了难解之缘。

“我也将瘦得皮包骨头而死去吧。”

曾经的顽皮大王也变得意气消沉。可能是求生心切吧，我急迫地读了一本宗教的书籍，书中教给我一句话：“灾难是由自己的心态招致的。”对照当时，我总是躲避在偏房里躺着的叔父，一心想逃离灾难。我猛然省悟，正是这种软弱的心态才招来了结核病的侵扰。

我想，这本书在各种意义上，都给了我重要的启示，让我开始思考人心应该有的理想状态，它给予我此后的人生以莫大的影响。

话说回来，后来我在持续低烧的状态下再次挑战鹿儿岛一中，考试还是失败。家里也好，我自己也罢，都认为我“只有就业这一条路可走了”，我已经不打算继续升学。那时候，班主任老师在一片空袭的警报声中来到我家：“是男子汉就不要轻言放弃，前方的路还很长！”他这样激励我，力劝我报考私立鹿儿岛中学。在他的热情鼓励下，我参加了考试，没想到居然考上了。

在“二战”结束前纷飞的战火中，我和家人为了躲避燃烧弹的攻击奔波逃命，在这过程中，结核病反而消退了。或许无论如何也要活下去这种顽强的意志发挥了作用，反而促使我的病情好转。

体力恢复以后，我就把在初中升学考试中所受的屈辱作为动力，专心致志用功学习。后来随着教学改革，1948年我进入新制高中。不知从何时起，“因为我头脑笨，所以要付出加倍于人的努力”这句话成了我的口头禅，我变成了一个热心学习的好学生。

考试失败、就业失败

青春时代的挫折还在继续。在患结核病的痛苦经验中，我萌生了研究药物学的志向，高中毕业后报考大阪大学医学部，又落榜了。因家境并不富裕，我没有休学再考的机会，只好去考地方的县立鹿儿岛大学（后转为国立），总算考上了，专业是工学部应用化学系。

在大学里，我身上穿的只有一件夹克，趿着木屐，一有空就钻进图书馆拼命学习。因为学习成绩好，准备找工作时，老师给我打包票："像你的水平，任何一家公司都会录用你。"我的自我感觉也很良好，对前途很乐观。

然而，在我开始找工作的1954年，朝鲜战争刚刚结束，战争需要告一段落，就业形势严峻起来，招聘人数剧减。那时候，要是没有强有力的后盾，就休想进入有名的大公司。果然，我拜访了东京和大阪的多家企业，接受了招聘考试，但像我这样既无门路，又毕业于新建大学的学生，没有哪家企业愿意录用我。因为憎恨这个不公平的社会，我甚至萌生了加入黑社会的念头。

但是，我家里贫困，下面有五个弟妹在等着我上班后赚工资贴补家用。另外，要是真的加入黑社会，那种亡命的勇气我还真没有。

“一味地怨恨社会的不公正，老是抱着这种心态，自己的人生不会顺畅”，我开始修正自己的想法。于是，我继续去各处应聘。或许是这样的进取心招来了运气，到了夏天，终于由担任班主任的教授介绍，内定去京都的松风工业，这是一家制造送电用绝缘瓷瓶的企业。

所谓绝缘瓷瓶，属于制陶行业，对于专业是有机化学的我而言是个完全陌生的领域。所以我急忙找了无机化学的一位教授，在毕业前的半年中全力以赴，研究鹿儿岛入来地区出产的优质黏土，并以“入来黏土的基础研究”为题撰写了毕业论文。这篇论文受到了当年到鹿儿岛大学赴任的内野正夫教授的赏识，得到了他的高度评价。

只要拼命努力就会有好运，与内野先生从此结缘，后来有事请教，总能得到他的指导。

启程赴京都就职时，全家人一起把我送到鹿儿岛车站。我穿着仅有的一身西装，那是哥哥从微薄的工资里拿钱给我买的，于是我满怀希望向京都进发。

想要逃离工厂，曾决定转行

松风工业位于京都西边的神足町[1]附近，我被分配在制造部的研究科，开发被称为特殊陶瓷的新型陶瓷，特别是其中对高频电流绝缘性能良好的弱电陶瓷。当时电视播放刚刚起步，家电产品中使用的绝缘陶瓷是一个前景广阔的领域。

但是进厂后，我被带到宿舍一看就吃了一惊，陈旧破烂的房子，角落里都是麦草屑，铺上连草席也没有。

“这种破公司，尽早辞职吧。”

当夜，包括我在内，同时进厂的5名新员工开了“同期会”，大家商议怎么尽早辞职。此后，一说话就是发牢

① 神足町：现在的长冈町车站。——译者注

骚。公司主业的电瓷瓶订单越来越少，拖欠工资是理所当然的。而且老板的家族还经常发生内讧，劳资纠纷不断，公司前途无望。

我们 5 个人中，一人先辞，接着又走了一人，到了秋天，只剩下我和一位京都大学的毕业生。“因为无处可去，实在没有办法”，我们两个人一边互相安慰，一边留在企业工作。有一天，我们下班后去打网球，归途中看见一张传单，是陆上自卫队干部候补生学校的招生通知书。对急于寻找出路的我俩来说，好比渡河见到了船，急奔而去。

“既不要学费，还发工资。进自卫队，让我们重新开始吧！”

于是我们马上填写了申请书，赶到伊丹的驻所应试，结果两人都合格。我一心一意想去，但是，入学需要户籍誊本，我写信要老家寄来，等得望眼欲穿，却不见回音。结果，时限一到，那位朋友说了一声“那我一个人去了”，就辞职走了，同期生中只剩下我一人。

后来才知道，是哥哥把我的信撕了。“家里节衣缩食把他送进大学，请老师帮忙，好不容易才进了京都的公司，半年都忍不了，想辞职，太不知好歹了。”这是哥哥的理由。他说得也对，我把自卫队当作逃避的手段，我为自己的短视浅见感到无比羞愧。

逼迫自己埋头研究，人生开始好转

转业不成，发牢骚的同伙都走了。我孤单一人，无处可逃，进退维谷，人到了这一步，精神反而解脱了，干脆将自己的心情来个180度大转弯，于是我决定埋头于研究。

“住在脏乱的宿舍里心情不好，干脆待在研究室、泡在实验里。不要逃离这严酷的环境，相反，该把自己逼进来才是。”

下定决心后，我干脆把锅碗瓢盆都搬进研究室，睡在那里，从清晨到深夜，把全部心血都倾注在研究工作中。

不可思议，令人惊喜的实验结果出来了。这么一来，工作变得生动有趣，我没空再发牢骚。努力工作本身就有快感，又受到上司的表彰，更是干劲倍增，于是更加投入，成果更加显著。

只剩下我一个人，但在改变心态的瞬间，我就迎来了人生的转机，自然而然“良性循环”出现了，我走到了人生重要的转折关头，我的命运从此开始走向光明。

全身心投入研究，把我从所有的烦恼和忧愁中解放出来，让我心里充满了光明，让我的“人生齿轮”朝着顺向转动起来。

如果我跳槽到一家好公司，我或许还会发牢骚，度过一个无聊无趣的人生。或者，如果我有幸在一个环境适宜的单位工作，我就不可能不顾一切，全身心埋头于研究。

我当时如果有处可逃，如果适逢优越的环境，再要逼迫自己付出不亚于任何人的努力，恐怕很难，因为我没有那么强大的意志力。把我置于逆境之中，反而点燃了我研究新型陶瓷的热情。神有意将我放置于艰难困苦之中，现在来看，这真是太宝贵的经验了，至今我由衷地感激。

听说近来因找不到想做的事、找不到喜欢的工作而烦恼的年轻人增加了。一开始就让人觉得很有趣的工作寥寥无几，马上能找到自己喜欢的工作的概率也不高。如果不付出努力让自己喜欢上眼前的工作，那么永远也无法理解工作的趣味。

人生的道路是漫长的。人要在现实社会里生活工作好几十年。因此，对踏上社会后从事的工作要有种迷恋的心态，这点很重要。如果喜爱自己的工作，就会涌出一股力量，促使人持续地钻研努力。同时，持续不懈地努力，不知疲倦地反复钻研、琢磨、创新，就有可能到达被称为名人、高手的境界。

经营者的原点

这样全身心投入研究的结果，我成功合成了“镁橄榄石”这种新的陶瓷材料。这个壮举在日本属于第一名，在世界上也是第二名。得到这一成功消息的松下电子工业特地前来公司拜访。

“能不能用贵公司的稻盛先生开发的材料制作U型绝缘体[①]呢？”

自己的研究成果可以产品化和工业化，这是技术开发人员无上的幸福。U型绝缘体很快试制成功，不久就获得了大量的订单。然后我自己设计设备，在研究室旁边设置了一条生产线，批量生产也由我来负责。

① 电视机显像管的电子枪用的绝缘零件。——译者注

说点题外话，当时我睡在公司，埋头研究，由于过分投入，常常忘记吃饭，生活极不规律。某时，忽然发现我的办公桌上放着一盒盒饭，开始我还以为是谁忘了放在我桌上的，但看来又不像。盒饭的味道很好，我吃了个精光。没想到第二天，第三天，每天都有盒饭送到。

过了不久，我才知道送盒饭的是一位女性，后来她成了我的妻子。原来我没太注意，在我的同事圈内，对这位大学毕业来当研究助手的女性的评价是："京都的知识女性架子大，不好接近。"在她看来，也许认为"此人生活得太过悲惨，值得同情，也仅仅是同情而已"。不过，那盒饭真的好吃，而且那份心意也令人感动。

闲话休题，U型绝缘体的订单快速增加，我一方面要关照生产，另一方面要负责研究开发，工作越来越忙。但因为公司整体效益不好，工资很低，在我下面工作的年轻员工和中年女员工们的积极性都不高。"总得想办法来增强他们工作的主动性和积极性"，我这么想，于是工作结束后，我把他们召集起来，"我们现在制作的产品稍有不良，电视机的影像就会错乱，我们做的是有利于社会的最尖端的工作"。我像学校的老师一样，向大家讲解产品的作用和发展前景，还讲述工作的意义和正确的人生态度。

意思是：“不要等上司说了才去做，而是每个劳动者都要理解工作的意义，自觉地鼓足干劲儿做好工作，否则就不能取得任何成果。”

因为我经常不断地思考并与他们沟通，或许他们都能理解我的想法，就在我进公司的第二年，我所率领的“特瓷科”在公司内形成了一个特殊的团队。

在后来发生的由工会策动的大规模罢工运动中，我们这个团队表现出了卓越的凝聚力。如果当时罢工影响到我们，那么特瓷科的生产也会停止，我们就会失去重要的客户信任。所以我暗暗下了决心，即使冒破坏罢工的风险也要继续生产。在罢工的前一天，我就拜托大家“把我们车间封闭起来”，而且全员一致，决定我们不参加罢工。平时我不厌其烦地向大家诉说工作的意义和人生该有的态度，可能我这些话在关键时刻起了作用。

罢工当天，我把自己手头的现金全部拿出来，买了罐头等食品拿进车间，大家都住进公司。问题是，工会成员把守工厂大门，在那里张贴传单，产品无法运出厂外，后来成为我妻子的这位女性扮演了重要的角色。她不住在工厂，而是每天一早就等在工厂后墙外，我爬上围墙，把包装好的成品放下去，她接下后就去送货。这个办法奏效了。

生产和出货都没受到影响，但工会骂我们是“公司的走狗”，我们承受了难以想象的压力。而且，最尴尬的是，公司的董事夸奖我们“干得好！”，然后突然递给我若干奖金。

我的本意完全不是为了钱。我对他说：“我这么做不是为了公司，而是为了不给客户添麻烦。还有，我不想让一起共事的伙伴失去梦想和希望。再则，我也不想让别人夺走我所喜欢的工作。维持生产是出于这些目的，也仅仅是这些目的，所以接受公司的谢礼于理不通。”说着，我就把钱还给他了。

到现在回想这件事，当时我不过是一个二十多岁的小青年，但行事风格还真像一位经营者。想来真有点儿不可思议，当时没有任何人教我，“即使是一个普通的员工，也要抱着这种意识去工作，这很重要”。我好像很自然地就具备了这样的意识。作为经营者，我思想的原点，可以说在特瓷科时代就已经确定了。

告别公司自己创业

与公司的诀别是进公司后的第三年突然到来的。当时从日立制作所来了有关陶瓷真空管的新生意，我全力投入试制。因为这个项目非常大，我想这对事业的拓展意义重大。

但是日立制作所提出的技术规格难度很高，我们开发出来的东西很难满足他们的要求，每天都苦战恶斗，但每次把试做的样品拿去，他们都说“不行”。但我不仅没有气馁，反而斗志越发昂扬，全身心投入。

但就在这个时候，新来的技术部长却对我宣布：“对不起，你的能力已到了极限，以后这事要让别人来干，请你撒手吧！”同时还说：“在我们公司里，比你更优秀、名牌大学毕业的老资格的技术人员还多着呢！”

我一下子被激怒了。因为我感到自己由于出身于地方大学而受到了歧视，而且他简直否定了我的人格。我冷静下来后，立即斩钉截铁地说："是吗，那好吧，你就请他们干吧，我马上辞职！"

部长慌忙挽留我："我请你撤手，说的不是那个意思。"后来社长听说此事，马上招待我到祇园吃晚餐，并劝我："不要再说什么辞职的话好吗？"他想平息此事。但我去意已决，他越挽留我越固执："我已经说辞了，男子汉可以出尔反尔吗？"

现在回头看，那时的我真是"不考虑后果"。我当时有一种自负和自尊："我废寝忘食，全身心投入工作，我对得起公司。"这个想法占了上风，结果我真的辞职了。接下来的问题是："以后该怎么办？"

1 年前，巴基斯坦的一家低压瓷瓶制造企业曾邀请我去那里工作。当时我真动了念头。不过，一个人去太寂寞，我就对那位女性说："你愿意跟我去吗？"当时也算是一种求婚方式吧。"好啊！"她答复得很爽快。于是，我就决定去巴基斯坦。

正好那时我和鹿儿岛大学的内野先生约好在京都车站

会面，我告诉他我要去巴基斯坦，内野先生说：“你绝对不能去！不然过四五年等你回国时，你的技术就会大大落后。花了那么多心血，好不容易在特殊陶瓷研究方面崭露头角，你应该在日本站稳脚跟，把研究开发继续下去。”先生一反平时温和的风格，用严厉的口气坚决反对我去巴基斯坦。

对先生的话我不停地点头。正在考虑各种出路时，特瓷科的部下们纷纷拥到我的宿舍，异口同声，情绪激昂：“我也辞职，要跟着稻盛干！”不久，前任技术部长、我原来的上司青山政次先生也跑来对我说：“我也要辞，我想找几位朋友商量，创办一家公司，一定要让你的技术在世界上发扬光大。”

于是我马上跟着青山去拜访他在京都大学工学部的同学、宫木电机制作所的西枝一江专务和交川有常务。最初他俩全不理会：“稻盛这个青年究竟有多优秀，我们不清楚，但一个二十六七岁的小青年能成什么事呢？这么轻率的提议，我们能接受吗？”话说得很难听，我很纳闷，但青山不屈不挠，两次、三次拼命去说服：“将来新型陶瓷的时代一定会到来。”最后，青山终于说服了他们俩，并说动了宫木电机的社长共同出资办厂。

另外，为解决购买设备和原材料资金不足的问题，西枝先生还把自家的房产做抵押，从银行借来了1000万日元。全因为我一时气愤，说出了要辞职的话，从这里发端，真是“葫芦里跑出了马驹子”，意料之外的事情发生了，结果居然有人出钱帮我办公司，我觉得自己真是一个幸运儿。

还有，准备把自己的人生托付于我的朋友们，大家聚在一起喝烧酒，他们甚至说：“万一公司办得不好，你也不必担心，我们就是出去打零工，也会支持你稻盛，让你的研究持续下去。”这比任何激励的言辞都更强烈地打动了我的心。我发誓一定要把全部热情倾注到新公司的工作中去。

描绘未来的梦想，每天都全力以赴拼命工作的热情，加上相互信任联结起来的一条心，以这些为基础，1959年京瓷公司扬帆起航了。

逆境中忍耐，开辟新未来

回顾充满挫折的青少年时代，我认识到，降临到我身上的所有困难，只要缺了任何一项，都不会有后来京瓷创业的成功。同时，如果说有幸运这种东西存在，它也只有在逆境中才能抓到。

升学考试失败，患上肺浸润，死神向我招手时，我通过一本宗教书明白了一个道理："心中没有想过的事情不会在自己的人生中出现。是自己心中描绘的东西招致了所有的幸福或者不幸。"我把这条警句刻进了脑海里。之后，我相信，自己的心中所想，会把人生引向好的方向，或者引向坏的方向。因此，为了度过一个美好的人生，就要不断地思考自己应该拥有正确的心态。

踏上社会，最初就职的公司使我懂得，不管所处的环境多么恶劣，不管被逼入何等绝望的境地，如果只是一味地发牢骚，逃避现实，犹豫彷徨，那么，人生绝不会出现转机。同时，我也明白，只要从心底里喜欢自己的工作，燃起心中的热情，废寝忘食、一心一意、全力投入，那么工作就会变得有趣，就能取得优异的成果，人生就会向着光明的方向转变。

没有主动谋求，却当上了率领众多部下、掌握集团命运的经营者，这让我意识到，领导人不厌其烦地讲述工作和人生的意义、使之与全体员工所共有，这一点有多么重要。另外，为了做到这一点，必须不断地给伙伴们灌输正确的理念，这样就能形成一个齐心协力的强大团队。

不管是哪一种逆境，都成为此后引导我人生顺利拓展的精神食粮。

据说，冬天越寒冷，春天的樱花就开得越发灿烂。寒冷这种逆境，是樱花绽放的必要条件。人也一样，如果被逼入逆境，就要把这看作神赐予的礼物而感到欣喜。克服了逆境中的苦难，就一定能开辟光明的未来。必须坚信这一点，这非常重要。与此同时，要开朗，不要发牢骚；要面向未来，持续付出不亚于任何人的努力。那么，一个光辉灿烂的人生一定会在面前展开，这就是我一直以来所秉持的信念。

采访摘录 2

要努力去喜欢上自己的工作

——在企业组织里工作的工薪族，有很多人“想要辞职，但没有去处。对目前的工作又很不满意”。在这种状况下，像当初的稻盛先生一样，选择埋头于眼前工作的人很少。比如，许多人希望缩短工作时间，把热情倾注在业余的兴趣上。但稻盛先生当初却把全部精力投入到工作中去了。这是为什么？

稻盛：其实这没有什么可说的。因为那是一家穷困破旧的公司，工资很低，还经常拖欠，我没有钱去玩乐，也没有条件去享受业余的兴趣，没有那种选择的自由，因此不得不在设备简陋的实验室里埋头研究。这是上苍逼迫我朝这个方向努力。

当时我也想过，自己的处境未免太严酷了，想从这种逆境中逃出去，却无处投奔。实在不得已，才一头扎进工作中去。但是，现在回过头来细细思考，当时的那种苦难和困境，正是上苍赐予我的最大幸运。

——现在这个时代，即使不那么认真工作，好像也没什么关系了。

稻盛：你说得对。现在的年轻人生活在一个非常富裕的时代，大多数人不存在吃饭问题，不那么投入工作也无妨。所以，对眼前的工作厌倦了马上就辞职。

在公司里，对上司分配的工作不感兴趣，这种现象很普遍。然而，人生的道路很漫长，必须在现实社会里生活工作几十年。如果是这样，我想，不管工作也好，别的什么也好，我们就必须做出努力，去喜欢上现在所做的事情。

有的人很幸运，年轻时就能找到自己喜欢的工作。但对大多数人来说，很难找到自己称心如意的工作。在就职的公司里，把分配给自己的工作当作天职，主动去喜欢它、迷恋它，如果做不到这一点，就不可能花费一生的精力去从事这项工作。我觉得，一个人的人生幸福与否，取决于踏上社会后，对于最初被赋予的工作，你有没有主动做出努力去喜欢它。

就我而言，是当时的境况逼迫我不得不喜欢自己的工作。幸运的是，我很快喜欢上了精密陶瓷的研究工作。正是这一点改变了我的人生。

——并不是一开始就喜欢的？

稻盛： 常言道“只有喜欢才会变成能手”，还有一句话“坚持就是胜利”。努力喜欢上工作，持之以恒，精益求精，就能发挥出了不起的力量。被称为天才、名人、高手的人们，都是长年持续看似单调的工作，不懈努力的结果。我认为，只有持续踏实努力的人才能取得卓越的成功。

对单调、朴实的工作，能孜孜不倦终其一生，如果不是真心喜欢，是做不到的。同时，要喜欢上自己的工作，除了自己努力之外别无他法。也就是说，如果你珍惜自己的人生，那么，你就只有不断努力，自己主动去喜欢现在从事的工作。

——我们经常说“寻找自己喜欢的工作”。不是这样，而是努力去喜欢自己现有的工作。这才是重要的，对吗？

稻盛： 是的。不管怎样去寻找所谓“喜欢的工作”，其实这样的工作并不存在。而且，究竟什么工作值得喜欢，对于20岁左右，价值观、人生观尚未定型的年轻人来说，并不能做出正确的判断。自以为什么都懂，马上就能下决断，那是幼稚可笑的。不要自以为是，而是努力去喜欢自己在命运中碰巧遇上的工作，并竭尽全力把它做好，这才是人生正确的答案。

本章经典语段

□ 一味地怨恨社会的不公正，老是抱着这种心态，自己的人生不会顺畅。

□ 人生的道路是漫长的。人要在现实社会里生活工作好几十年。因此，对踏上社会后从事的工作要有种迷恋的心态，这点很重要。如果喜爱自己的工作，就会涌出一股力量，促使人持续地钻研努力。同时，持续不懈地努力，不知疲倦地反复钻研、琢磨、创新，就有可能到达被称为名人、高手的境界。

□ 不要等上司说了才去做，而是每个劳动者都要理解工作的意义，自觉地鼓足干劲儿做好工作，否则就不能取得任何成果。

□ 如果说有幸运这种东西存在，它也只有在逆境中才能抓到。

□ 自己的心中所想，会把人生引向好的方向，或者引向坏的方向。因此，为了度过一个美好的人生，就要不断地思考自己应该拥有正确的心态。

□ 踏上社会，最初就职的公司使我懂得，不管所处的环境多么恶劣，不管被逼入何等绝望的境地，如果只是一味地发牢骚，逃避现实，犹豫彷徨，那么，人生绝不会出现转机。

□ 我觉得，一个人的人生幸福与否，取决于踏上社会后，对于最初被赋予的工作，你有没有主动做出努力去喜欢它。

□ 常言道“只有喜欢才会变成能手”，还有一句话“坚持就是胜利”。努力喜欢上工作，持之以恒，精益求精，就能发挥出了不起的力量。被称为天才、名人、高手的人们，都是长年持续看似单调的工作，不懈努力的结果。我认为，只有持续踏实努力的人才能取得卓越的成功。

□ 对单调、朴实的工作，能孜孜不倦终其一生，如果不是真心喜欢，是做不到的。同时，要喜欢上自己的工作，除了自己努力之外别无他法。也就是说，如果你珍惜自己的人生，那么，你就只有不断努力，自己主动去喜欢现在从事的工作。

□ 究竟什么工作值得喜欢，对于 20 岁左右，价值观、人生观尚未定型的年轻人来说，并不能做出正确的判断。自以为什么都懂，马上就能下决断，那是幼稚可笑的。不要自以为是，而是努力去喜欢自己在命运中碰巧遇上的工作，并竭尽全力把它做好，这才是人生正确的答案。

第三章

公司是谁的

梦想要大，世界第一

“让稻盛和夫的技术问世。”

京瓷创立之初，我只有这样一个念头。至于公司经营到底是怎么回事，我完全不了解。好在在松风工业时代就有过业务往来的松下电子工业给我们下了保证，同意给我们U型绝缘体的订单，那是用在电视机显像管电子枪中的一个零件。当时我满脑子只想一件事，就是怎么把眼前的这项工作做好。

“只要把U型绝缘体做好，公司的经营就能维持。从而进一步磨炼自己的技术，以更低的成本做出更好的产品，以满足客户的期待，拼命努力吧！”

有了这个目标，我们每天都为此而努力。

不过，我从孩童时候起，就被人称为“做梦的梦夫”。

因此，怀揣一个宏大无比的梦想，同时还要向员工们描述这个梦想，这一点我从来没有忘记。

1959年4月1日，京瓷借位于京都市中京区西京原町的宫木电机公司的仓库举办了创业典礼，在那天的晚宴上，我发表了如下的豪言壮语：

“我们首先要成为原町第一；成为原町第一以后，接下来要成为中京区第一；成为中京区第一以后，要做到京都第一；实现了京都第一，然后就是日本第一；成了日本第一的公司后，就是世界第一！”

不知是谁在一旁奚落了我一句：“附近就有一家历史悠久的大企业，规模要超过它？可能吗？”

我虽然一时语塞，但很快恢复了自信：“不！就是要把京瓷发展成与那类大企业平起平坐的公司，我就是要做给大家看！”话说得明明白白。虽然当时还是一个微不足道的小企业，但是梦可以做得极大，我总是这么豪情万丈。

此后，只要一有机会，我就把“日本第一、世界第一”当作口号不断强调，煞费苦心地提高包括我自己在内的全体员工的志向和士气。现在想来，这种似乎超现实的大梦，在忍受一次又一次降临在小企业身上的苦难时，确实发挥了积极的作用。

梦可以做得很大，但要做好供给松下电子工业的U型绝缘体零件，却并不那么简单。“把原料粉碎后混和，用压机压成型后在高温中烧制，再塞进玻璃，然后再次烧制完成”，这么几道工序，从自己设计每道工序所需的专用设备开始，机械设备制造完成后，还要反复多次进行试运转，同时不断地慢慢进行调整。

而且，具备新型陶瓷制造经验的，只有从松风工业过来的7个人，余下的20人都是刚刚初中毕业进公司的十五六岁的“外行”。我一边指导他们，一边又要加快工作进度，每天从清晨到夜晚连着干，有时还要睡在工厂。尽管干通宵时累得东倒西歪，但是我们依然心无旁骛地全力以赴。

但是，工作当中也并不是只有辛苦。现在想起来仍然令人会心一笑的是统一发放工作服、工作帽的时候。

在松风工业时，大家穿着自己喜欢的服装上班，对此我很不满意。我认为“每人的打扮都不一样，士气会低落”。所以在新公司成立后，决定全体员工统一着装，整齐划一，用相同的姿态投入工作。

我从工作服专卖店购进便宜又好看的衣服，工人们初次一起穿上相同的制服时，我真的很高兴，就像是把从乡下征集来的杂牌军升格为正规军一样。大家情绪高涨，“这样，就可以齐心协力工作”。

统一工作服、工作帽也有振奋精神的作用。公司第一个会计年度就实现了盈利，第二年又持续盈利。京瓷从创业至今，从没出现过一次亏损。这是自创业开始，全体员工团结奋斗，“付出不亚于任何人的努力”所带来的结果，我对此感到十分自豪。

经营是场马拉松，用百米冲刺的速度跑

要让“付出不亚于任何人的努力”这一条成为习惯，绝不是一件简单的事情。在创业后的头两年中，我不断鼓励大家。但也听到一些不同的声音：“如果不注意步伐、不调整速度的话，恐怕难以长期坚持。”

但是，我这么想：“这好比是所有的日本企业一起来跑马拉松。在战前已有的大企业，在战争的废墟中诞生的中小企业，大家一起开始起跑。从 1959 年才起跑的京瓷已经落后了 14 年，很多企业已经跑得很远了。我们是一家因缘而生的公司，我们没有跑过马拉松。因此，除了全速追赶以外别无他法，根本没有考虑修正步伐、调整速度的空间。”

"诚然，要一直以百米冲刺的劲头跑完42.195千米那么长的马拉松或许不可能，但如果因此而放慢速度，轻轻松松地跑，那就毫无胜算。还有，即使我们想以百米冲刺的速度去跑，实际上我们已经竭尽了全力，或许仍然追不上那些专业马拉松选手。如果是这样，还不知道能够坚持到哪里，至少我们要以百米冲刺的速度跑到可能跑到的地方，跑到倒下为止。在此之前，让我们全速奔跑吧！"

部下们做出了回应，他们理解了我的意图，拼命奔跑起来。

京瓷从此持续全力奔跑，在创业后第十三年，京瓷终于在大阪证券交易所二部上市。在工厂的球场上，全体员工聚集在一起，在营火会上，我一边举杯庆祝，一边说："用百米冲刺的速度奔跑的感觉真好，与一流的马拉松选手相比，我们起跑时曾落后了一大截，但在全力奔跑中，我们已经追上了第二团队。从现在起，瞄准先头部队，继续奋勇前进！"当时大家互相盟誓的情景至今仍历历在目。

从年轻员工的离叛中产生的“理念”

京瓷从创业到上市也并不是一帆风顺的。在创业后的第三年，还发生过年轻员工的离叛事件。有 11 名高中毕业的员工，在进公司工作刚满 1 年的那年 4 月，突然拿出一张按有血印的“要求书”。

他们认为在一个开办不久的小企业里，每天长时间地辛苦工作没有出路，对未来的担心也逐步加深。他们提出要定期加薪、发奖金，同时要求我给予承诺。如果我不接受他们的要求，他们就要集体辞职。

我以前在松风工业工作时，也是进厂不久就想辞职，所以对他们的心情能够理解。但是，这并不意味着当时刚创办不久的京瓷有能力给员工们提供将来的保障。

在公司交涉没有结果，于是我把他们带回我自己的住处，当时是租的一间民宅，在嵯峨野广泽池附近。在三张榻榻米大小的房间里与他们促膝而谈，整整谈了三天三夜。

“我很想满足你们的要求，但我却不能承诺。我一直在努力，希望尽可能给大家提供更好的工资条件，但明年工资增加百分之几，奖金发几个月，这种保证我不敢承诺。如果我答应，那是在骗你们，这样你们就能满意了吗？我对保证大家的待遇虽然不能承诺，但一定会诚心诚意为大家尽力，这一点我可以承诺。希望你们信任我。”

由于我态度诚恳，他们一个个点头表示接受。最后只剩下一个带头的特别顽固，但通过彻底沟通，他终于也理解了我的诚意。

彼此互相了解了对方的想法，问题解决了，我当然很高兴，但事情结束后的那天夜里，我却怎么也睡不着。

“怎么会发生这样的事呢？”

一开始就提到，我是想让自己的技术问世，才创办了公司，但年轻的员工们却要把自己的一生托付给这家公司。扪心自问，“难道背负这样沉重的责任才叫经营吗？”我情绪低落。同时想起我的家庭，家屋在遭空袭被烧毁之后，家里就一直非常贫困。想到这里，我心里就有一种抑郁感。

“家里在经济那么困难的条件下让我上了大学。现在虽然不多，每月给父母寄去一点儿钱，贴补弟妹的学费，这还做得很不够，怎么这些无亲无故的员工的生活，也要让我来负责呢？难道办公司就要承担这种责任吗？”

一直到深夜，我都在想着这件事，闷闷不乐。直到东方天空发白，心里的想法才逐渐清晰：“公司的意义就在于保障员工的生活，我已经承诺了这一点。”于是，清晨我早早来到公司，为了说给自己听，我写下几个大字：“追求全体员工物、心两面的幸福。”但又考虑到企业作为社会的机构，必须尽到应有的责任，于是又加写了一句：“为人类社会的进步发展做出贡献。”

这样一来，所有的烦恼全都烟消云散。大概是第二天吧，我把全体员工都召集起来公开宣布：“今后我们就要以这个宗旨来经营企业。”在那一瞬间，“让稻盛和夫的技术问世”这一创立京瓷的动机已成为历史。表明京瓷这家公司存在意义的新的经营理念确立了。

在“年轻员工离叛”事件的结果中诞生的这一经营理

念，成为后来京瓷经营的基础。我坚信，正因为有了这一经营理念，全体员工才能团结一心，才能不惜付出一切努力，而正是这种忘我的努力才带来了企业的巨大发展。

萧条是机会

尽管遭遇了各种各样的艰难困苦，京瓷依然不断快速发展。一个毫无名气、弱不禁风的企业，生存之路只有一条，那就是果断地接受别的公司不能做的、拒绝做的产品。“我们来做！”向着新的未知的产品领域迈进，这是成功最大的原因。总是用“将来进行时”来看待自己的能力，“现在的自己不能做，但将来的自己一定能做！”只要相信这一点，发挥韧劲，向极限挑战，坚持不懈，最终难题必将破解。看起来似乎是对客户轻易许诺，但我们力求兑现承诺，把产品做出来，在这个过程中也积累了技术，提高了效益。

后来，京瓷的业务开始向美国发展，并在九州建了很大的工厂，可正在事业迅速扩大的时候，石油危机突然冲击了日本，京瓷也受到了严重的打击，订单锐减。当时，各行各业都在裁减人员，或让员工回家待岗，京瓷内部也出现了很多富余人员，但我“保证雇用”的宗旨毫不动摇。因为在刚才说到的“年轻员工离叛”事件以后，我一直把“追求全体员工物、心两面的幸福”作为经营的大义。

话虽这么说，但因石油危机，订单减少了七成，只剩下三成的工作，如果还让原来那么多人做，现场的气氛就会松弛。为了保持现场的紧张感，我果断地将多出的七成人员调离现场。借这个机会把公司弄得干干净净——工厂内部大扫除，整理整顿，拔除周边的杂草，整修花坛，清除水沟里的污泥。大家虽然心怀不安，但还是默默地干活。下雨天不能室外作业，大家就集中在会议室，学习“京瓷哲学”，围绕经营思想、人生态度等，召开学习会，讨论我归纳的理论，进行各方面的努力和提高。

即使在形势严峻的经济萧条中，每位员工也在对公司全面信任的基础上，坚持不懈地努力。而公司基于扎实的会计原则，在平时就有足够的资金储备，所以京瓷没有解雇一名员工，并顺利度过了长期的萧条。

经济萧条对企业而言是最困难的考验之一，但我反而提出“萧条正是企业发展的良机”这一观点。事实上，京瓷把每次的经济萧条都当作动力，促进了公司的成长发展。在这次石油危机中也一样。在订单减少、生产下降时，全力进行技术开发，全员展开营销活动，并且致力于削减各方面的经费，把萧条当作飞跃的跳台。

在经济萧条中，一般的企业常常被消极的气氛所支配，于是“只好忍耐了”，经营者和员工只会低着头，坐等萧条之风刮过去。

但是，正因为萧条，努力才更有意义。在周围一片悲观的气氛中孤军奋战，持续付出不亚于任何人的努力。这样做的企业，到形势好转时，与一般企业就会拉开很大的距离。

景气时期，各个公司订单都很充足，企业之间的差距不大。此外，日本社会的经济结构有一种僵化的秩序，中小企业自由发展的余地很小。但进入萧条期，这种秩序就被打破了，中小企业的活动领域就有了新的拓展机会。

在忍受萧条的同时，销售人员努力挖掘比过去更宽更深的市场需求；技术人员以创造新的需求为己任，以更大的魄力去开发新产品；发动全公司彻底地削减各种经费，致力于打造筋肉型的企业体质。这样的努力在经济恢复时就会结出硕果。

以救助之心展开兼并与收购

京瓷至今有过多次兼并与收购的经验，但几乎都是救助性的，就是应允陷于破产危机的企业的请求。其他经营者陷入困境、无法自拔时，他们来恳求我们，我们从内心抱着出手相救的愿望进行援助，这就是京瓷兼并与收购的本质。

在进行兼并与收购的时候，最重要的是，新加入我们队伍的伙伴们能够理解并认同我们公司的经营理念和哲学。

所以，在迎接别的企业加入京瓷集团的时候，我最先做的工作就是亲自到对方企业去，在全体员工面前，诚恳地谆谆讲述自己的理念和想法，还要开 Company，与大家促膝谈心，进行彻底的交流。

最近，就有一家大企业的子公司要求加入我们集团，因当地没有会场，结果在室外停车场上铺好防水布，从管理者到一般员工，全员席地围坐，把酒言欢，沟通交谈。

“大家不必客气，有问题都可以向我提出。我也会直率地说出自己认为正确的意见。另外，我有问题也会向大家请教。”说这样的话，用这样的态度与大家交流，对方企业员工原本的紧张感就会渐渐得到缓和，不久他们就会打开胸襟，畅所欲言。

当然，并不是所有的事情都能一帆风顺。在救助一家濒临倒闭的企业时，我们就曾遭遇过很大的麻烦。

这家技术型企业曾一度因步话机的畅销而飞速成长，同许多靠单品生产迅速崛起的企业一样，它同时也孕育了很大的风险。事实上，当时客户的订单已经中断，它一下子陷入了穷途末路。因此，它向京瓷求救。这家企业的社长告诉我，他只想救他的员工，他这种想法打动了我的心。接着我又去和企业的管理者开 Company，强烈地感受到他们可以成为共同奋斗的伙伴，因而决定接纳他们加入京瓷集团。这样做，全然不是出于战略或战术上的考虑，而是为了救助这家企业，以保证他们员工的生活。这是助人的善行，是作为人的正确行为。

但是，这家公司过激派的工会却提出了许多蛮横无理的要求，并且不断罢工。后来我坚决拒绝了他们的无理要求，他们就涌到京都繁华的大街上，甚至到我住宅的周边，展开各种宣传活动。他们在电线杆上、在墙上张贴诽谤我和京瓷的传单，他们反复做这些事，还在报纸杂志等媒体上发表中伤我的言论，破坏京瓷的企业形象，使我们蒙受了难以估量的损失。

本是帮人救人的善行，却遭遇了如此粗暴的对抗，我们被迫付出了很多劳苦，但我却没有发牢骚吐怨言。考虑到这家企业的生产流程，我决定让它朝着电子设备事业的方向发展。不屈不挠、苦心经营的结果，终于将它纳入了打印机事业的轨道，另外又让它介入通信设备事业。现在这个电子机器部门已经成了京瓷的支柱之一，并有了巨大的发展。而且在这个过程中，原来那些面临公司倒闭、不知明天将会如何、心怀不安的员工，被现在以及将来光明的前景所鼓舞，重新燃烧起新的热情，在工作中大显身手。

我们常说“与人为善必有好报”。但有些人却不屑一顾，他们认为“凭道义人情不能经营企业”。但我相信，即使在商业世界，从长期看，做善事一定会有善的回报。

观察现在的年轻经营者，在他们之中，有些不惜反复采取恶意并购，谋求企业的短期发展，这样的人正在不断增加。兼并与收购本身不是坏事。在开展新事业时，公司内部缺乏必要的技术、人才和经验，因此收购已经具备这些优秀经营资源的企业，等于“购买时间”，有时候是必要的。

但是，一味标榜资本理论，企业经营并不能顺利进展。如果控制了一半以上的股份，虽然在法律上可以控制企业，但却不能控制员工的心。无视当地人的人心，想剥削他们，像过去的殖民政策一样，让自己控制下的企业，只为自己的利益服务，事情不可能顺利。这样做不仅找不到向心力，反而会产生离心力，企业的治理必将陷入危机。

所谓向心力发挥作用的强大组织，就是具备心心相连的伙伴之间的一种认同感，具备共同的梦想、目的和判断基准的团队。要构建这样的团队，经营者自身必须率先垂范，不惜一切努力。如果做不到这一点，不得不说想要在兼并与收购上成功是非常困难的。

为员工、为客户、为交易对象、为社会

常有人问我：“公司到底是谁的？”每当有人问我这个问题，我都会毫不犹豫地回答：“公司的意义就在于追求全体员工物、心两面的幸福。”接着我还会说：“公司的存在是为了客户、交易对象、地区社会以及企业周围所有相关的人。”

当然从商法上来讲，公司是股东的。最近常有人主张“股东主权论”。他们认为：“公司是股东的，谋取股东利益才是公司的唯一目的。”其中有的股东大量买入股票，要求“更多的分红”，要求“精简员工以获得更多的利润”。

但是，京瓷从创业到现在，从来没讲过“公司的存在是为了股东”这样的话。但这绝不意味着轻视股东。如果有股东认为这是“岂有此理”进而来抱怨的话，我会对他们这样解释：“我想把公司做成让员工们安心、让员工们开心工作的企业，做成得到社会广泛信赖和尊敬的优秀企业。这样做的结果就能获得优异的业绩，从而提升公司的价值，这应该也是股东所期待的。”

从这个意义上讲，经营者首先有责任让自己所率领的团队获得幸福。

常有这样的情况，公司成功了，股票上市了，经营者就认为这一切都是靠自己的才能。“我成为富人是理所当然的”，从而心安理得地获取巨大的资本收益，这样的人常有耳闻。但这就大错特错了。得天独厚、具备稀世才能的经营者必须考虑这样一个问题：“究竟为什么你会被授予这种才能？”

所谓才能，应该这样考虑，是为了指引集团走向幸福，上天赋予领导人的资质。这种资质，没有非给你不可的必然性，其实给别的人也行。那么，被授予这种才能的人，就应该为社会、为世人而运用这种才能，而不可以把才能只为自己所用。

要成为集团领袖的人物不可以把自己看得太重。只有把自己搁在一边、优先考虑集团利益的人，才能充当经营者。

我所尊敬的同乡先贤西乡隆盛[①]在他的遗训中说："爱己，乃不善之最也。"这是为建立明治维新政府竭尽全力的南洲，对当时醉心于私利私欲的领导人所发出的警示。同时，他还说了下面一段话：

> 不惜命、不求名、不谋官位、不图金钱的人物，不好对付。但不同此等人物患难与共，则国家大事难成也。

"包括自己的生命在内，只有能够彻底抛弃私心的人才能成就大事。"这句话凝缩了最重要的思想，不仅对经济界，而且对政界、官界、各行各界都适用。我坚信，领袖的必要条件就在于克己奉公。

---

① 西乡隆盛：又称吉之助，号南洲，日本江户时代末期的萨摩藩武士、军人和政治家。——编者注

采访摘录 3

——请允许我提一个有点儿抽象的问题。您认为在企业经营中最重要的是什么？我想，在盛和塾里也有人提过这样的问题吧？

稻盛：对于企业经营者来说，所谓商才、才智，在开展商业活动时，所需要的战略战术，这些都有很高的要求。另外，在技术型的企业里，技术人员首先必须拥有优秀的才能。

但是，在讲到商才、才智、才能之前，经营者作为企业经营的领导者，是否具备相应的高尚人格，这是最重要的。领导人既可以把集团带向成功和幸福，也可能把集团带进失败和苦难。既然是领导人，就承担了重要的责任，必须率领自己的团队走上真正幸福的道路。

考虑到这一点，我认为领导人应该具备的人格素质中首先是谦虚。越有才能，越应谦虚和正直。进一步说，就是不要把自己个人看得过重。也就是说，领导人应该大公无私，把个人利益暂且搁在一边，必须思考集团的幸福是什么，并为此而采取行动。

人难免会从对自己是否有利出发，对事情做出自己的判断。领导人也是人，往往也会根据自己的利害得失下判断。这样就对集团不利。作为企业经营者，就应该把爱己之心、利己之心稍稍搁置，首先考虑对于集团而言什么是最重要的。

利己主义的领导人，当企业成功时，他就会产生错觉:“成功是靠了我的能力”，“是因为我具备的技术才干”。然后就会想，“我当富人，我发财是理所当然”，“我当然要过奢侈豪华的生活”。不论到哪里都是“我”，“我”永远是中心。当这种自我中心的人成了经营者，当了领导人，他的部下很快就会坠入不幸的境地。

因此，凡事把自己放在首位的人都不适合当领导人。如果只是自己个人，可以随心所欲，优先考虑自己或许情有可原。但是在政治领域，在企业经营领域，不管是什么集团，想要当“领袖”的人，就不能过多地考虑自身的利益。需要拿出勇气，即使牺牲自己个人的利益，也要优先考虑自己率领的团队如何发展。

——稻盛先生，您把员工放在什么位置上？

稻盛：我 27 岁创建京瓷的时候，我没有资金。虽说是以我的技术为基础建立的公司，但这也并不是什么了不起的技术。总而言之，经营企业，我没有可以依靠的金钱和技术资源。那时我想得很多：“如果没有资金，没有技术，一无所有，那么就依靠人心去经营企业吧。”

但是，人心变幻莫测，最不可靠，忽而遭背叛，忽而被欺骗。然而，另一方面，像“坚韧的纽带”一样，把人和人联结在一起的、最可靠的也是人心。“一旦结盟，不惜舍命。”我认为，世上存在这种心心相印的强有力的人际关系。

我就想缔造一种伙伴间心连心的强韧关系，因为除此之外我别无依靠，所以我对大家这么讲：“我真心想与大家一心同体，共同奋斗。我信任大家，我希望与大家一条心，一起干。”

我用这种心态开始经营企业。此后的日子里我也始终如一，把员工当作家族亲人。不管工作顺利与否，大家经常饮酒聚会。顺利时大家分享快乐，困难时大家互相安慰，互相鼓励。

——听说在京都的圆福寺有一块京瓷员工的墓地，这就是起源于把“员工当亲人”的想法吧。

稻盛：正是。当时圆福寺的长老（后面会提到）与我关系很亲密。有一次我突然想到，我们京瓷的员工，平时为公司拼命工作，甚至不顾自己的健康。这样的人，我们即使死后也要在一起。当时，报纸杂志有报道，谈到购买墓地极为困难。我想，在今世如兄弟般共同奋斗的伙伴们，死后也不要分开，有一个可以让大家永远在一起的墓地该多好啊。为此我征集了大家的意见。

结果，许多员工都表示赞同。他们都说：“本来死后打算葬在乡下老家的墓地，如果有一块能让大伙葬在一起的墓地就太好了，太令人高兴了。”

因此，我就与圆福寺的这位长老商量。长老说：“稻盛君，这是好事啊。你们可以把我们寺院的一块地方当作墓地。”于是我们就很高兴地在那里建起了员工的墓地。

——真的很了不起啊！

稻盛：不过当时，京瓷要为员工建墓地一事在报纸上登出后，立即招来了各种非议。“各人的宗教信仰不同，并不都信仰佛教”；“只要是京瓷的员工就一定要葬入那块墓地吗？活着时受到公司的束缚，死后也要被束缚在公司的墓地里，不是很可怜吗？”尽管我们解释“只有应死者遗族的要求，才会将死者的部分骨灰葬入京瓷的墓地”，但依然有人责难我们。

但就我而言，就是真心希望同甘共苦、一起奋斗的伙伴们来世也都能幸福。我这种愿望相当强烈。

在墓地一侧，当时还算年轻的我亲自写下碑文，树起了“建墓之碑”。在这里，每年一次进行慰灵祭祀。祭典后，与遗族们共同进餐。在逝去的伙伴的灵前摆出所谓“膳食”，互相祝酒，活着的人趁着健在，一起饮酒干杯。

圆福寺给我们建起了肃穆的墓地，我们从内心深深感谢。

——葬入墓地的人，对稻盛先生而言，都如同亲人吧。

稻盛：不错。埋葬于此的，有一起创业的老员工。70 岁以上每年来参加祭祀的遗孀们会说：“在这里与大家见面，就会想起丈夫活着时候的事情。”我从心底感觉到，为员工们设置这样的墓地真好。

墓志铭

吾辈自创业以来，为追求全体同人物、心两面之幸福，不安于小善，更践行大善，为此，日日刻苦奋斗。

如此，吾辈之灵魂一点一点净化升华。生时积善，净化心灵，踏彼岸之地亦能得福，此吾志也。

今值创业 20 周年之际，为供奉已去或将去幽明境之同人之灵，在此圆福寺内清净之地建此同人之墓地。

愿同人们灵魂皆悉成佛，于彼岸亦能幸福。亦望时而在此集合，如同生时，议论风发、交杯欢饮。

京都陶瓷株式会社

取缔役社长　稻盛和夫

一九七九年四月一日

本章经典语段

□ 不惜命、不求名、不谋官位、不图金钱的人物，不好对付。但不同此等人物患难与共，则国家大事难成也。

□ “包括自己的生命在内，只有能够彻底抛弃私心的人才能成就大事。”这句话凝缩了最重要的思想，不仅对经济界，而且对政界、官界、各行各界都适用。我坚信，领袖的必要条件就在于克己奉公。

□ 对于企业经营者来说，所谓商才、才智，在开展商业活动时，所需要的战略战术，这些都有很高的要求。

另外，在技术型的企业里，技术人员首先必须拥有优秀的才能。

□ 我认为领导人应该具备的人格素质中首先是谦虚。越有才能，越应谦虚和正直。进一步说，就是不要把自己个人看得过重。也就是说，领导人应该大公无私，把个人利益暂且搁在一边，必须思考集团的幸福是什么，并为此而采取行动。

□ 只要一有机会，我就把“日本第一、世界第一”当作口号不断强调，煞费苦心地提高包括我自己在内的全体员工的志向和士气。

□ 一个毫无名气、弱不禁风的企业，生存之路只有一条，那就是果断地接受别的公司不能做的、拒绝做的产品。

□ 总是用“将来进行时”来看待自己的能力，“现在的自己不能做，但将来的自己一定能做！”只要相信这一点，发挥韧劲，向极限挑战，坚持不懈，最终难题必将破解。

□ 我一直把“追求全体员工物、心两面的幸福”作为经营的大义。

□ 在讲到商才、才智、才能之前，经营者作为企业经营的领导者，是否具备相应的高尚人格，这是最重要的。

□ 凡事把自己放在首位的人都不适合当领导人。

□ 在政治领域，在企业经营领域，不管是什么集团，想要当“领袖”的人，就不能过多地考虑自身的利益。需要拿出勇气，即使牺牲自己个人的利益，也要优先考虑自己率领的团队如何发展。

□ 像“坚韧的纽带”一样，把人和人联结在一起的、最可靠的也是人心。“一旦结盟，不惜舍命。”我认为，世上存在这种心心相印的强有力的人际关系。

第四章

为什么活着

烦恼是活着的证据

“团结一致，为社会为世人做贡献。在此，同志们歃血为盟！”27岁创立京瓷公司时，我和7名血气方刚的伙伴，写下了这样的誓言，然后共同署名，割破小指按上血印。

除了研究之外一无所能的毛头小伙，怎么会想到“为社会为世人”这么崇高的语言呢？至今想来，仍觉得不可思议。但后来，有时又会说出同样的话。

我只学过理工，于文学、哲学、历史都不懂，书也读得不多。然而同我以往的教养无关的这么了不起的语言，因某种偶然的机会冒出来。后来，有好多次，我又站在第三者的立场上审视：“究竟是谁说的，谁写的呢？”我歪头思量，仍觉得不可思议。

硬要说的话，或许是因为我生长在一个笃信佛教的家庭里，在上小学前，养成了早晚必须在佛坛前合掌的习惯，因而从佛陀处获得了智慧的缘故吧。或者，因为我埋头于研究和经营，辛苦烦恼，上天可怜我，因而打开“智慧之库”的大门，像开示一样，授予我智慧……至今这仍然是一个谜。

不管怎么说，我从年轻时就这么思考：“人活在世上，总要为社会、为世人做一点儿贡献。给人一句亲切的话语，用笑脸待人接物，等等，哪怕很细微的事情也行，让周围的人感到‘有你在真好！’，这种生活态度很重要，人生的价值也在于此。”

特别是过了 50 岁大关后，这种想法更加强烈。“生是什么？”“死是什么？”“人生是什么？”在彻底追究这些问题的答案时，我的这种想法更加强烈了。

我的心灵导师是在京都西南的圆福寺的西片担雪法师。现在他是临济宗妙心寺的管长[①]。担雪法师在学生时代，是在帮我创建京瓷的恩人西枝一江先生家里边帮工边

---

① 管长：日本佛教等各宗派的行政首脑。——编者注

学习的“书生”，由于这层关系，我们相识了。后来他成了高僧，却仍然乐于倾听我这个俗人提出的问题，并予以指教。承蒙他的好意，我碰到困惑的事情就常去拜访他。

担雪法师是一位沉默寡言的人，没有任何说教的色彩，他总是静静地给我泡好抹茶。在一旁，我随意地谈论公司以及工作以外的事，也把我的各种烦恼和盘托出。

担雪法师给我的指教当中，现在还记忆犹新的是：1985 年京瓷的人造陶瓷膝关节因有违反《药事法》的嫌疑而遭受指责的时候。

当时陶瓷股关节已经获得日本厚生省（现厚生劳动省）的认可。因为陶瓷材料与人体具有亲和性，所以治疗效果上佳，深受因病患或事故丧失部分身体机能的患者欢迎。因此，整形外科的医生提出强烈要求：“希望膝关节也能做出来。”

但是，即使用相同材料制成的人造骨、人造关节，在用新的形状和新的尺寸制作时必须分别获得许可。京瓷的负责人说“请再等两三年”。但在提供临床试验的阶段“因效果很好，想继续使用，患者急着要用”，这种呼声高涨。

经不住医生、患者的热情要求“如果能帮助人的话”，出于这种愿望，我们提供了膝关节，结果却招致批判：“京瓷未获许可就制作人造关节，想靠这种买卖赚钱。”

京瓷的出发点是“为社会为世人做好事”，媒体却“集中炮火”，狂轰滥炸。这件事深深地刺痛了我的心。这时，我的双脚自然地向担雪法师那儿走去。我向他诉说心中的苦恼和委屈，我原以为法师会把我安慰一番。不料他却像往日一样，泡好茶，说一声“请吃点儿馒头”，微笑着说了让我感到很意外的话：

“那是没办法的事，稻盛君，烦恼是活着的证据，死了就碰不到那样的事了。这不是好事吗？遭遇灾难就是消除过去所造的‘业’，过去有什么‘业’不知道，但这种程度的灾难就能把‘业’消除，该煮红豆饭庆祝一番才对啊！”

这话真的拯救了我。

“过去的‘业’消去了，从今以后不再让恶‘业’喷发，唯有行善积德吧！”于是，我因挫折而一度萎靡的心又重新振作起来，并恢复了前进的勇气。

60 岁起准备“灵魂旅行”

在对人生的思考中，我相信了“所谓死，就是把肉体搁在现世，而灵魂开始新的旅程”。以前见过一位瑜伽圣人，他的话给了我启示，我设定自己的人生为 80 年，我将它划分为：

从出生开始后的 20 年，是踏上社会前的准备期。

接下来的 40 年，是为社会、为自我提升的工作期。

最后的 20 年，是为死，也就是为灵魂的启程做准备的时期。

在过去的人生中，我遭遇过各种苦难，也获得过许多幸运。我想，在度过这波澜壮阔的人生的过程中，我与生俱来的灵魂很自然地得到了锻炼和磨炼。

60 岁以后，为了进一步净化自己的灵魂——我想，这是为了带着清彻明朗的心情走向那个世界而做的准备，我还想更深入地学习佛陀的教诲。

在同担雪法师说起这些想法的时候，他的回答又出人意料："那就出家吧，你意下如何？"

在当时，要剃度当僧人，我还从没有抱过那样的奢望。

我不由得询问："像我这样的俗人也能进寺院，也能剃度出家吗？"

老师回答道："如果你有这个志向，我们随时都欢迎。不过，你要用一周到 10 天时间来寺院，和云水（修行僧）们一起进行严格的修行。"

于是在 1997 年我 65 岁时，我决定辞去京瓷和第二电电的名誉会长职务，在圆福寺剃度出家。

但是，正当我要出家的时候，却发生了预料之外的事情。在一次体检中我被诊断出初期胃癌，需要马上接受手术。但我并没有感到特别意外，也没有紧张不安。照日程安排，那天正好是冈山盛和塾的例会，听到诊断结果后，我仍然如期去冈山，像平时一样，与塾生们一起吃饭，还喝了一点儿酒。或许因为我平时对人生就有过深入的思考，又下了出家的决心，所以我的心才能保持平静吧。

出了这样的事，为出家准备的日程立即改变，安排了手术和疗养的时间。但是 60 岁就想做的事，已经超过了 5 年，我自己不允许再往下拖延。虽然胃被切除了 2/3，病后初愈，但是，尽早出家，尽早获得佛陀教诲的想法还是占了上风。

在入秋后仍然炎热的 9 月 7 日，在家人和亲戚们的陪伴下，我终于举行了剃度仪式，法名“大和”。等到体力恢复后的 11 月，再到圆福寺进行“大接心”① 的严格修行。

---

① 日本佛教用语。又作接心会、摄心会。谓于一定之期间，不断坐禅、摄心，令心不散乱。

修行时获得的幸福感

在“大接心”的时候，就是在初冬寒冷的季节，也要每天凌晨 3 点起床，夜里 11 点就寝。食物是一菜一汤。年轻的僧人们匆匆喝下稀饭，咬几口咸菜，很快把饭吃完，收拾以后，快步奔向禅堂。

但是，我刚刚接受手术后，胃只剩下了 1/3。医生告诫我“要细嚼慢咽”，但我生怕动作慢了就跟不上大家，所以三口并两口，草草吃完后赶上他们，这对我来说，已经是尽全力了。虽然似乎成了大家的累赘，但我还是学会了赶上他们的节奏。尽管如此，或许是因为紧张的缘故，我并没有什么不自然或辛苦的感觉。

这次修行中无法忘记的，是在托钵化缘时遇到的事情。

托钵化缘时，我身穿蓝色袈裟，头戴竹笠，赤脚穿上草鞋，一副僧人打扮去拜访信徒们的家。在各家的门口诵读经文“四弘誓愿文”，然后接受他们布施的大米，放进搭在肩上的头陀袋里。

我因为不习惯这样的托钵化缘，从早到晚一整天下来，伸出草鞋的脚趾与地面磨擦渗出了血，不得已行走时把身体的重心移到脚后跟，这样腿肚子又胀痛起来。从各家得到半升或 1 升米，头陀袋的重量渐渐增加。到黄昏时分，步履沉重，疲惫不堪。

在我步履蹒跚地走回寺院的途中，一位在路边公园里打扫落叶的老妇人快速向我走来，并默默地拿给我一枚 100 日元的硬币，我忘了要用头陀袋接受的礼仪，下意识地双手合十，说了一声“谢谢”。

这时候，一种幸福感贯穿我的全身，可以说，构成我身体的所有细胞都因喜悦而颤动。这位看起来并不富裕的妇人施舍予我，这一颗美好、善良的心灵让我产生了新鲜而纯粹的感动，这是我以往的人生中从来没有感受过的。这就是神佛的爱！即使现在回想起那一刻，那种幸福感还是会重新浮现出来。

到达这样的至福境地，这是唯一的一次，过去没有，后来也没有。这是我在圆福寺的修行中获得的最珍贵的体验。同时，通过修行，我相信了这样的道理："想好事、做好事就能招来好的结果；想坏事、做坏事就会招来坏的结果。"

人应该只做好事，并持之以恒。话虽然这么说，但却难以做到，这就是我们凡人。然而，即使有时会屈服于诱惑，但只要我们每天反省，努力积善行德，佛陀一定会以慈悲之心来拯救我们。同时，尽力抑制邪恶之念，努力让美好、善良的心灵呈现，这样就能净化、磨炼和提升我们的心灵。

从 2005 年起，我又开始了化缘和街头说法。事情的起始是在妙心寺本山的一次"微笑会"信徒的集会上，我冒昧地向本山的高僧们提了一个建议：

"禅宗的僧人提倡通过静心坐禅来修行，这很了不起。但我想开展一些活动，向一般心中抱有迷惑的市民说法，讲解佛陀的教诲，善导民众。现在世道混乱，各界舞弊丑闻频发，幼儿被剥夺生命的凶恶事件不少。社会如此混乱，我们不只是在寺院里闭门修行，还到街上去，进行街头说法，好不好？"

有两位僧人赞同我的意见，我们三人一起开始了化缘和街头说法。至今，还在岛根县的出云，松江等道湖周边，爱媛县的松山到今治一带巡回说法。同当地妙心寺分院的十多位僧人一起参加“联合托钵”。在商店街上一边发出“吼吼”的特殊声响，一边化缘，获得的施舍全部捐献给当地的儿童福利机构。在这次托钵化缘的过程中，我的心变得清澈纯净，我确切地感受到这样的修行真好。

在街头说法时，以“人应该怎么生活”为题，谈及我自己在克服工作困难和人生烦恼过程中的经验，拿当今社会上的现象做例子，给行人们讲解。当然，并不是所有的过路人都驻足倾听。但我想，如果我的话能到达因各种事情而烦恼苦闷的人们的心中，让他们找到一点儿排忧解难的线索，我就会非常高兴。我打算今后尽可能继续做下去。

财富是社会托管之物

为灵魂的旅行，即为人生的新阶段做准备，当我想到这一步时，我就决定要把更大的热情倾注到为社会做贡献的活动中去。

创建京瓷，随着经营规模扩大，我成了大股东；企业上市后，没想到我也成了世间所谓的富人了。我对于工作有一种自负，总是极度认真，持续付出了不亚于任何人的努力。但让我成为富翁，却并没有非如此不可的必然性，这不过是一种偶然的幸运。

如果不这样思考问题，认为财富是靠自己的才能得来的，那自然就会去追求奢侈，或许因此就会让自己腐化堕落。而这违背我的人生观，所以我产生了这样的想法：

“我得到的财富，是社会委托给稻盛和夫这个人保管的，应该尽早归还给社会。”

这种想法的具体体现就是“稻盛财团”和“京都奖”。

设立稻盛财团直接的起因是 1981 年接受“伴纪念奖”。这个奖项是东京理科大学的伴五记教授为了奖励那些对技术开发有贡献的人而专门设立的，它的运营资金是伴教授自己的发明专利收入。

在这之前，作为技术者和经营者，我已接受过各种各样的奖励。获奖当然很开心，我都会高高兴兴地去参加授奖仪式。但到伴纪念奖时，当我拿到奖状并把奖品水晶大花瓶抱在怀里时，突然产生了一种微妙的想法，在我的心中有另一个我在轻声说话：

“你不该再是获奖者，而应该转为授奖者。事业成功，社会有那么多财富保管在你那里，你却兴高采烈地去接受奖赏，不是很奇怪吗？”

经过再三思考，我认为“另一个我”说得对，我感到十分羞愧。我把自己内心的想法告诉了“京都会议”的有关朋友。

“京都会议”是由学者和经济界人士组成的交流团体，哲学家田中美知太郎任主席。由京都大学的矢野畅教授和我组织有关成员，约三个月一次在祇园的茶馆召开交流会。成员中有藤泽令夫、冈本道雄、福井谦一、广中平佑、伊谷纯一郎、佐藤文隆、河合隼雄等人，都是赫赫有名的京都学派的教授，大家超越各自的专业领域，进行生动活泼的交流探讨，追求人类所需要的新的哲学和睿智。

对于我要发起表彰事业的想法，他们都十分赞同并十分支持："在日本，表彰重要的研究和技术开发的优秀人才的机会太少，请你务必去做。而且既然要做，就应该向诺贝尔奖那样的世界性奖项看齐。"

于是 1984 年我设立稻盛财团，并创立"京都奖"。现在京都奖的颁奖对象分尖端技术、基础科学和思想艺术三部分，对那些在各自领域默默地付出努力，为世界文明、科学以及精神文化做出卓越贡献的人颁发奖赏。

这个奖项到今年（2006 年）已经是第 22 届了。从一开始就作为世界性的奖项为大家所认知。但最让我感到欣慰的是，许多获奖者把奖金用于社会公益事业。比如用这笔奖金，电影导演安吉·华达在自己的祖国波兰建立了日本美术中心；美国生物学家达尼埃尔·强生设立了热带雨林保护基金；宇宙物理学家林忠四郎发起了天文学会的林基金。

这些都是始料未及的。这种“善”的连锁式传递从京都奖开始，对我而言，这是最值得高兴的。对从“为社会为世人”的愿望出发创立奖项的人来说，这是最为理想、最为难得的。

与火鸟 FC 的球员们谈人生

我还积极地为企业所在地区做贡献。

支持、援助本地区的足球队“京都火鸟 FC”就是其中之一。

这是 J 联盟诞生十几年后的事。当时在京都市民中要求成立“京都职业足球队”的呼声高涨，市民会的代表征集了 25 万人签名后，到我这儿来请愿。

我对足球一无所知，开始时曾一度拒绝，但后来 J 联盟以及京都足球协会、体育协会等组织都恳求我出面援助，于是我无法推辞。市民们的热情高涨，他们要求有一支能进入 J1 的球队的强烈愿望从背后推动了我，也改变了我不积极不爽快的态度。与大阪、神户不同，京都连专业棒球队也没有，所以以青年人为中心，京都市民一致渴望出现一支激情燃烧的体育团队。

因为这样的背景，我成了球队赞助人，但在一场不落地观看本地比赛的过程中，原来对足球不感兴趣、反应迟钝的我也开始深深地陷了进去。足球近似于格斗，比赛充满激烈的竞争，让人心跳加速，手里总捏一把汗，胜了兴高采烈，败了悔恨交加，而且有时升级到 J1 有时降级到 J2，让人心情紧张、不敢懈怠。说实话，它让人累得够呛，但是又很快乐，现在我简直着迷了。

没有比赛的日子，我曾自己驾车去城阳的体育场看他们训练。后来，我又把运动员集中起来给他们讲课，有时又把他们带出去吃烤肉。这时候，我会对他们这么说："比如一个管弦乐队，只要有一个人发出异响，整体的协调就全乱套了，演奏就会失败。这时候，乐队指挥就会严厉斥责：'怎么了，你这音调！'指挥的心情我也能理解。足球也一样，从看台上往下观看，谁的动作缓慢，打乱了本来布局严密的阵容，一目了然。这样的球员我不能容忍。正像所有的乐器发出的音调都要合拍的管弦乐队一样，在足球比赛的 90 分钟内，不允许任何队员有丝毫的松懈。"

另外，足球运动员的运动生涯很短，到三十四五岁就结束了。而在 25 岁前后，年收入达数千万日元的人不足为奇。这些人引退后进普通的公司工作，根本不可能拿这么高的年薪。因此我常常对年轻的球员们说：

“你现在的年薪甚至超过了一流企业的领导人。现在你是受到追捧，但除了足球之外你一无所知，到了 35 岁引退后怎么办？那时如果你还自以为是，承受不了低薪水，不断转行，你的人生就会很惨。为了避免出现这种情况，即使没有足够时间学习，至少你也要认真磨炼自己的人格，要培育一颗为社会为世人尽力的美好心灵。即使工资只有原来的 1/10，你也要由衷地向雇主说一声‘谢谢’，并做一个勤奋工作的人。”

说这些话是为他们将来的人生着想。我相信，总有一天他们会想：“参加球队真好！有机会受到人格教育真好！”所以，我的话甚至有点儿强迫性，“不想听也要听”，但说到底，是父亲一样的心肠。

最初，个别人会打瞌睡，但现在所有的队员都聚精会神，专心听我讲话。无论是在盛和塾同年轻的经营者讲话，还是对球员们说教，我都希望大家抱有一颗美好的心灵去生活，希望大家都能幸福。

“特认真”是我的信条

“出家修行之后，希望你回归世俗社会，把佛陀的教诲运用到实业界，为社会做贡献，这是你这个人的本分，也是佛道。”

这是担雪法师的话。遵照他的教诲，我现在仍然忙于各种杂务，除此之外还积极参与多项社会贡献活动。同时，作为在家修行的居士每天清晨都要诵经。

正如前面所述，我走的“佛道”，就是置身在现实社会，不断向人们诉说：“人生真正的目的在于培育一颗充满慈悲的、善良的、美好的心灵，即使微不足道，也要为社会为世人尽力，磨炼自己的灵魂。”

我们生活在一个不安宁的时代，虽然获得了物质上的富裕，却感受不到精神上的富裕，许多人似乎迷失了自己的人生目的。正因为如此，我认为，现在我们必须直面“人为什么活着”这一根本性的问题。

不知餍足，无限度地扩展欲望，追逐财产、地位和名誉，这是人的本性。但这类东西无论占有多少也不会满足，而且也不可能带往另一个世界。而不会消灭、能够带走的只有一样东西，那就是“灵魂”。我们会带着灵魂开始新的征程。如果是这样，那么带着“比出生时略为美好、略为高贵的灵魂死去”，这就是人生的目的。我是这么想的。

那么，为了磨炼灵魂，具体应该怎么做才好呢？我认为，没有必要进行特别的修炼，重要的就是每天都勤奋地工作，也就是佛陀所说的“精进”。劳动绝不仅仅是获得生活食粮的手段，劳动是战胜欲望、磨炼心志、提升人格的崇高行为。工作现场就是精神修炼的场所，每天全神贯注、拼命工作，就是磨炼灵魂的修行。

“每天都必须特别认真地生活。”

这是我对员工和盛和塾塾生经常讲的话，也是我自己的信条。人生只有一次，一定要采取真挚的、冠以“特别”二字的认真态度，这种持续不懈的努力才能让人生好转，才能培育高尚的人格，才能把与生俱来的灵魂磨炼得更加美丽。

我抱着这种信念生活至今，为了能带着自己美好的灵魂开始新的旅程，今后我还要继续钻研。我也祈愿大家都抱着这样的信念去度过自己的人生。

采访摘录 4

人生真目的

——在与稻盛先生谈话交流中我有一个深刻的印象，那就是不管对方年龄属于哪一代，也不管对方的地位高低、立场如何，稻盛先生都会用同样认真的态度与对方展开对话。这种精神从何而来呢？稻盛先生德高望重，而且年事已高，但仍能同任何人认真对话。这是为什么，您自己能分析一下吗？

稻盛：第一次听到这样的问题。本来我就是一个比较细心、认真、一丝不苟的人。我最讨厌那种傲慢自大、不懂谦虚的人。趾高气扬，不把年轻人放在眼里，或者看人下菜碟儿、见风使舵，这类人我最不喜欢。

因此，无论地位高低、年龄大小，无论对方是什么人，我都以诚相待。对于我而言，这是理所当然的。我的本性就是如此，并不是有意为之，而是我个性的自然流露。

——稻盛先生经常使用“特别认真”这个词，认真之前还要加“特别”，这意味着……

稻盛： 我很讨厌做事马虎的人。马马虎虎的态度不可能获得人生的成功。无论干体育、搞经营、做学问，无论从事什么工作，认真的态度最重要。为了强调认真的程度，我加上“特别”二字。

常常有企业家因经营不善来向我求教。仔细听他们的话，才知道其实他们对待经营的态度往往是敷衍塞责。所以我批评他们：“你在多大程度上认真地经营你的企业？你真的心无旁骛、全身心投入经营了吗？你那种随意马虎的态度可不行啊！”对方会说：“不，我认为我已经很拼命了。”于是我会说：“在我看来，你不过是在把经营当作副业。你好好想一想，你究竟用了多大的认真劲儿专注于自己的事业？”

这样的话，我在演讲中也经常提到。真的“特别认真”地去经历人生了，那么，哪怕失败，也无愧无悔。然而，由于半途抽手、不负责任而失败，过后就会懊悔：原来要是这么做、那么做就好了，悔不当初啊……

我从年轻时起，无论是从事研究开发，还是参加体育活动，无论做什么事都“特别认真”。因为一直坚持这样的生活态度，现在已经成了一种习惯。

——所以，待人接物也同样是“特别认真”吧？

稻盛：是的。

——最后。人为什么活着？我想这是一个非常困难的命题。想再次请教稻盛先生，人究竟为什么

而活着呢？

稻盛： 为社会、为他人做一点儿贡献，我想这就是人生在世的意义所在。我希望大家努力去为社会、为世人多做好事，哪怕是微小的贡献也行。希望大家这样去度过自己的人生。这才是人生的意义。

同时，磨炼自己的灵魂，让自己的心灵变得美丽、优雅、充满慈悲，这就是人生的目的。除此之外，人生别无目的。

比如，学者专心研究学问，做出了了不起的科研成果；企业家努力经营，创建了伟大的公司，各种各样的人获得了各种各样的成功。某种意义上讲，他们都实现了某种人生的目的。但我想，那不是人生的终极目的。只有把自己的灵魂变得更加美好，这才是人生真正的目的。对此我坚信不疑。

每个人都会迎来死亡，死亡意味着灵魂新的启程。为了做好准备，就必须把灵魂变得纯洁。为此，首先要净化、美化自己的心灵，要为此而做出努力。心好了，灵魂、人性都会变得纯洁无瑕。

比如，常有这样的事：“那人年轻时并不优秀，但随着年龄的增长，人格变得非常高尚。”人格在现世活着的期间，既可以向好的方向，也可以向坏的方向转变。儿童时代的性格不会一辈子一成不变。在人生的旅途中，经历各种各样的事情，人的心中会产生各种各样的想法，由此人格也会发生变化。

我认为，努力净化自己的心灵，不仅能使灵魂变得美丽，而且在现世会使人时来运转。因此，我想说：“如果你想度过一个幸福的美好人生，首先你得稍稍净化你的心灵。这样，作为你的心灵的外在反映，你的人生也一定会美满而瑰丽。”

记住这一点，“特别认真”地工作和生活，你的灵魂就能得到磨炼。当死亡来临的时候，你就能随着美丽的灵魂，向彼岸开始新的旅程。

稻盛先生的语言直指内心

藤井彩子（NHK 播音员）

采访稻盛先生是在 2006 年，当时我 36 岁。为制作 NHK 的专栏节目而进行的这次采访，对于我个人而言，是人生的一大转机。

第一，工作的转机

以这次采访为契机，我开始对企业管理和经营者产生兴趣。此后，还多次邀请企业经营者来做访谈节目，栏目名为《商业新传・吕宋之壶》（以关西地区为中心，在 NHK 综合电视节目中播放）。我因此当上了专栏节目主持人。

第二，人生的转机

正如“人生的脚步”这一主题所示，我懂得了在人生道路上，理念不能扭曲，这一点非常重要。

人生中有峰有谷，遇事该如何思考？如何向前迈进？这些道理，通过与稻盛先生的谈话，我领悟、吸收，从此，我自己人生的脚步比过去走得更加坚实，不再动摇。

在与稻盛先生会面之前，我非常紧张，毕竟是稻盛和夫先生，一个不同寻常的人物。

他赤手空拳，从零开始创建了京瓷公司，把它打造成世界性的大企业，是当之无愧的优秀铁腕经营者。同时在盛和塾，他教导出了许多的企业家。他创设了京都奖，做出了极大的社会贡献。他还剃度为僧，成为修行者，在佛道上提升自己的精神境界……

然而，初次见面谈话时，他那种谦虚的态度、温和的表情，让我的紧张感和事前头脑里对他的印象即刻烟消云散。我有一种感觉，我觉得无论用什么头衔或称号都无法形容他那种虚怀若谷的“大”。

“这个人物身上秘藏的‘魔力’何在？我想一探究竟。”

出于兴趣和好奇心——用更好听的话说，他点燃了我的“职业新闻工作者之魂”。

采访一共进行了 4 次，合计 12 个小时。

用这么长的时间与同一个人对话，在我的职业生涯中是第一次，过去没有，后来也没有。对于提问的一方，因为抱着超越普通工作的高度兴趣和热情，所以我毫无倦意。而对于要回答问题的稻盛先生来说，也是相当费心思的吧，但他依然那样诚挚、那样认真地回答我的每一个问题。想起当时的情景，我内心再次充满感激之情。

这次采访的高潮，我自己的感觉是稻盛先生讲到“靠扭曲理念，人即使苟延残喘也没有价值”时。

企业经营者要说出如此决绝的话，需要怎样的觉悟和勇气啊……这一点，作为外行，我并非不能理解。但是，这时候，稻盛先生的话语中没有丝毫的迟疑和迷惑，他的眼睛直视我的眼睛。

“真正的经营原来是这样的！而且人生也完全一样。”

这一惊人的思想，让我不由得浑身一震。

当该书出版之际，听说稻盛先生自己在回顾这次采访时，也说这部分最让他印象深刻。我再次感到“我当时的感觉没有错”。又听说，稻盛先生笑着讲“当时的藤井小姐问得彻底，不依不饶啊”，虽然有些歉意，但作为提问的一方，我感到喜悦和兴奋。

采访结束时，稻盛先生特设一席招待我们。招待的地方就在进行采访的京瓷公司某房间的一角。拿来招待的是京都某连锁店的饺子，听说是稻盛先生很爱吃的食物。京瓷的相关员工和我们 NHK 的工作人员一起，在铺有榻榻米的房间里，围坐成一圈，边吃饺子边喝啤酒。

“我很喜欢吃这个，但妻子考虑到我的年龄，不让我吃。”

稻盛先生笑着，大口嚼着饺子。在这种温暖的氛围中，采访中听不到的话脱口而来……这就是京瓷流派的 Company（恳亲联谊会）！我感到，我已被他们接纳为“伙伴”。我真的很快乐，饺子的滋味，让我终生难忘。

过了 4 年，到了 40 岁的今天，再次回顾那次采访，我又有了新的感觉，是当时没有感觉到的。

首先是：环视我们周围的经济状况。

随着全球化的进展，日本企业美国化，渐渐丧失了日本原有的企业文化特色。特别是泡沫经济破灭后的不景气，加上世界性的经济萧条，人们对日本经济已不抱希望，大家都对“日本式经营”失去了自信。

正是在如此消极的氛围中，坚持正道，“特别认真”地正视自我，彻底贯彻自己的信念，稻盛先生这种思维方式和行为方式，越来越受到人们的关注。

在稻盛先生的思想根基下流淌着的东西，用我的语言来表达，就是“爱”（这也许有点儿土气）。对企业的爱，对员工的爱，对客户的爱，甚至对兼并与收购对象的爱。这种富于人情味（这种说法或许不合时宜）的思想和实践，我觉得正是克服当前的危机，不，是克服任何一个时代危机的最有效的武器。

稻盛先生自己现在正在承担重建日本航空公司的重大课题。但是我坚信，同时也期待，他一定会依照自己的理念和方法去克服困难，取得成功。

还有一点是：“请你好好想一想，你究竟用了多大的认真劲儿专注于自己的事业？”

这句话击中了我的要害，刻入了我的心中。36 岁的我，拼命做事但不免莽撞。但 40 岁的我，已经可以说是认真工作。然而，我真是“特别认真”的态度吗？现在，某种程度上，我已能胜任工作，并得心应手，但有时还做不到“特别认真”。想到此，我会猛然省悟。

这本书，不管何时何地我都会放在身边，有空时反复阅读，深度回味，自问自答，时刻激励自己。

采访者　藤井彩子

NHK播音员。生于1969年，出生于东京都新宿区。毕业于青山学院大学文学部，1993年进入NHK电视台。1999年成为第一位对甲子园高中棒球实况进行全程报道的女性。曾担任《NEWS10》、《早上好日本》的体育解说员，《今日新闻及运动》的解说员等。兴趣是跑步和做菜。

本章经典语段

□“所谓死，就是把肉体搁在现世，而灵魂开始新的旅程”。以前见过一位瑜伽圣人，他的话给了我启示，我设定自己的人生为 80 年，我将它划分为：从出生开始后的 20 年，是踏上社会前的准备期。

□ 想好事、做好事就能招来好的结果；想坏事、做坏事就会招来坏的结果。

□ 为灵魂的旅行，即为人生的新阶段做准备，当我想到这一步时，我就决定要把更大的热情倾注到为社会做贡献的活动中去。

□ 人生真正的目的在于培育一颗充满慈悲的、善良的、美好的心灵，即使微不足道，也要为社会为世人尽力，磨炼自己的灵魂。

□ 磨炼自己的灵魂，让自己的心灵变得美丽、优雅、充满慈悲，这就是人生的目的。除此之外，人生别无目的。

□“人活在世上，总要为社会、为世人做一点儿贡献。给人一句亲切的话语，用笑脸待人接物，等等，哪怕很细微的事情也行，让周围的人感到‘有你在真好！’，这种生活态度很重要，人生的价值也在于此。”

□ 人生只有一次，一定要采取真挚的、冠以“特别”二字的认真态度，这种持续不懈的努力才能让人生好转，才能培育高尚的人格，才能把与生俱来的灵魂磨炼得更加美丽。

□ 如果你想度过一个幸福的美好人生，首先你得稍稍净化你的心灵。这样，作为你的心灵的外在反映，你的人生也一定会美满而瑰丽。

稻盛和夫简略年表

时期	年龄	大事记
1932 年	0 岁	出生于鹿儿岛市药师町（是七个兄弟姐妹中的次男）
1938 年	6 岁	进入鹿儿岛市立西田小学
1944 年	12 岁	西田小学毕业后，报考鹿儿岛第一中学落第，进入国民学校高等部
1945 年	13 岁	· 因肺浸润抱病卧床，机缘巧合之下阅读宗教书籍并开始思考人的心灵 · 听取班主任劝导，报考私立鹿儿岛中学，顺利入学 · 遭遇空袭，家宅被烧（日本接受《波茨坦公告》结束战争）
1948 年	16 岁	进入鹿儿岛市高等中学第三部
1951 年	19 岁	报考大阪大学医学部药学科失利，进入鹿儿岛大学工学部应用化学科（《旧金山和平条约》签署）
1954 年	22 岁	在经济萧条、就业困难的背景下，经教授介绍进入松风工业

（续表）

时期	年龄	大事记
1955 年	23 岁	鹿儿岛大学毕业，进入京都绝缘子制造公司松风工业从事特殊陶瓷（NewCeramic）的研究
1958 年	26 岁	· 与上司技术部长因技术开发方针产生冲突，离开松风工业 · 在青山政次及朋友西枝一江、交川有等人的帮助下，决意设立新公司
1959 年	27 岁	创建京都陶瓷株式会社
1961 年	29 岁	以员工的集体交涉为契机，确立经营理念
1962 年	30 岁	第一次出差访美（古巴危机）
1963 年	31 岁	新设滋贺蒲生工厂
1966 年	34 岁	从 IBM（接到 IC）用基板大笔订单就任京都陶瓷社长
1969 年	37 岁	新设鹿儿岛川内工厂，生产 IC 用陶瓷多层封装设立美国现地法人“KII”（“阿波罗 11 号”登月）
1971 年	39 岁	公司在大阪证券交易所第二部京都证券交易所上市
1972 年	40 岁	新设鹿儿岛国分工厂（中日建交）
1973 年	41 岁	组织全体员工香港旅行（第一次石油危机）
1974 年	42 岁	· 改在东京、大阪证券交易所第一部上市 · 为度过石油危机后的萧条，贯彻全员营业、经费削减等措施
1975 年	43 岁	设立日本太阳能株式会社（JSEC），开始从事太阳能电池的开发（越南战争结束）
1976 年	44 岁	发行美国预托证券（ADR）

（续表）

时期	年龄	大事记
1978 年	46 岁	以 BIOCERAM 为商标，开始销售陶瓷制人造牙根（成田空港开港）
1979 年	47 岁	成立 Trident 公司（电子仪器厂），收购 Cybernet 工业（通信器材厂）
1981 年	49 岁	因对新型陶瓷的发展做出贡献，荣获伴纪念奖名誉奖
1982 年	50 岁	将公司名称变更为“京瓷株式会社”
1983 年	51 岁	设立“盛友塾”（盛和塾的前身），培养年轻经营者
1984 年	52 岁	投入个人财产设立稻盛财团，就任会长；设立第二电电企画株式会社，就任会长
1985 年	53 岁	· 因陶瓷制人造膝关节违反《药事法》而受到舆论谴责 · 兼任京瓷会长 · 举行第一次京都奖颁奖典礼 · 电电公社民营化、成立日本电信电话株式会社（NTT）
1986 年	54 岁	专任京瓷会长
1987 年	55 岁	成立关西 Cellular 有限公司（移动电话通信运营商） （国铁分割民营化、JR 各公司成立）
1989 年	57 岁	收购 ELCO 集团（连接器厂家） （昭和天皇驾崩，年号由昭和改为平成 / 消费税导入）
1990 年	58 岁	兼并 AVX 公司（电子器件厂家）
1991 年	59 岁	担任第三次行革审“世界中的日本”分会会长 “盛友塾”更名为“盛和塾”

（续表）

时期	年龄	大事记
1994 年	62 岁	· 成立株式会社 DDIPocket 企画（PHS 通信运营商） · 援助成立“京都 PurpleSANGA”（现为京都 SANGAF.C.）
1995 年	63 岁	担任京都商工会议所会长（阪神·淡路大地震爆发）
1997 年	65 岁	辞去京瓷、第二电电的会长职务，担任名誉会长，就任董事名誉会长，在临济宗妙心寺派圆福寺剃度出家
2000 年	68 岁	支援三田工业（复印机生产商），设立京瓷美达 合并 DDI、KDD、IDO，成立 KDDI 就任 KDDI 名誉会长
2001 年	69 岁	卸任京都商工会议所会长，就任名誉会长 就任 KDDI 最高顾问（美国发生“9·11 恐怖袭击事件”）
2002 年	70 岁	在美国成立“阿卜谢亚·稻盛·领导者学院”
2003 年	71 岁	设立盛和福祉会、稻盛福祉财团荣获“安德鲁·卡内基”博爱奖
2004 年	72 岁	被中日友好协会授予“中日友好使者”称号，开设儿童养护设施·幼儿院“京都大和之家”
2005 年	73 岁	在鹿儿岛大学设立“稻盛经营技术学院”，辞去京瓷董事一职
2007 年	75 岁	稻盛财团宣布向京都大学捐建“稻盛财团纪念馆”，在凯斯西储大学开设“伦理与睿智的稻盛国际中心”
2008 年	76 岁	·“稻盛财团纪念馆·稻盛开拓者研究中心奖学捐款”捐赠仪式在九州大学举行 · 盛和塾塾生突破 5000 名

（续表）

时期	年龄	大事记
2009 年	77 岁	作为创业家，其一直以来的实绩和社会贡献活动颇受好评，在法国荣获“世界企业家奖”
2010 年	78 岁	· 就任日本航空公司会长 · 就任日本内阁特别顾问 · 在中国推进盛和塾活动，设立“稻盛和夫（北京）管理顾问有限公司”
2011 年	79 岁	获得美国化学遗产基金会“2011 奥斯默奖章”(Othmer Gold Medal)
2012 年	80 岁	担任日本航空公司取缔役名誉会长，日本航空重新上市
2013 年	81 岁	· 卸任日本航空公司取缔役 · 被京都大学授予“名誉研究员”称号
2014 年	82 岁	· 京都三所大学的公共教育设施“稻盛纪念会馆”竣工 · 被公益财团五井和平财团授予“五井和平奖”
2015 年	83 岁	· 稻盛和夫出席儿童福利设施、婴儿院“京都大和之家”创立十周年纪念典礼 · 就任日本航空公司名誉顾问 · 在立命馆大学开设了稻盛经营哲学研究中心 · 被鹿儿岛县授予“县民荣誉表彰”，被鹿儿岛市授予“市民荣誉奖”
2016 年	84 岁	稻盛经营哲学研究中心举办了第一届国际研讨会
2017 年	85 岁	· 稻盛和夫出席京都奖牛津大学研讨会 · 稻盛向母校鹿儿岛大学捐赠京瓷股票 100 万股
2018 年	86 岁	· 被京都府授予“特别功劳奖” · 向鹿儿岛大学捐赠“稻盛纪念馆”
2019 年	87 岁	· 被鹿儿岛县授予第一位“名誉县民”称号 · 荣获英国 KBE 名誉大英帝国勋章 · 截至 2019 年 12 月，除中国大陆地区外，盛和塾结束了活动